el camino del kabbalista

Copyright © 2010 Kabbalah Centre International

Todos los derechos reservados. Ninguna parte de esta publicación puede ser reproducida o transmitida en forma alguna, o por ningún medio, electrónico o mecánico, incluyendo fotocopiado, grabado o mediante ningún sistema de recuperación de datos electrónico o mecánico, sin el permiso por escrito de la editorial, excepto en el caso de un revisor que desee citar breves pasajes relacionados con un comentario para la inclusión en una revista, periódico o emisión.

Para mayor información:
The Kabbalah Centre
155 E. 48th St., New York, NY 10017
1062 S. Robertson Blvd., Los Angeles, CA 90035
1.800.Kabbalah
www.kabbalah.com/espanol

Primera edición en inglés, agosto de 2008
Primera edición en español, agosto de 2010
ISBN13: 978-1-57189-704-6

Diseño: HL Design (Hyun Min Lee)
    www.hldesignco.com

el camino del kabbalista

Un manual del usuario de Tecnología para el Alma™

www.kabbalah.com

Yehudá Berg

agradecimientos

A las personas que hacen que mi vida sea cada día mejor: mis padres, el Rav y Karen, mi hermano Michael, mi esposa Michal y nuestros hijos.

índice

INTRODUCCIÓN

3   Los ciclos de la vida
4   Luz y oscuridad
6   Un mundo de Luz
8   La oscuridad de la muerte
10   El poder de ganárnoslo
13   El archienemigo
16   *Tiempo* para ver la verdad

PRIMERA PARTE: LOS CICLOS DE LA VIDA

23   El embarazo
24   El momento de la concepción
25   El ADN espiritual
26   El poder de la Luz Interior y la Luz Circundante
26   Meditaciones kabbalísticas para el acto sexual
28   Meditaciones previas al acto sexual
28   La unión de los dos mundos
30   Los nueve meses de embarazo
31   El Sistema de Tres Columnas
33   Los primeros tres meses de embarazo
34   El poder curativo y purificador del agua
35   El parto
      El Nacimiento
38   La paz esté con el varón (*Shalom Zajar*)
39   La Alianza de la Circuncisión
42   Redención del Primogénito
44   La asignación del nombre a la niña

La Niñez
- 47 El primer corte de cabello
- 48 Padres e hijos
- 50 La familia
- 52 *Bar Mitzva/Bat Mitzva*

La Adultez
- 57 Las energías masculina y femenina
- 60 El Shabat del Novio (*Shabat Jatán*)
- 62 La mujer se cubre el cabello
- 62 Sexo
- 63 Un microcosmos de la Creación
- 63 La importancia de besarse, tocarse y el juego preliminar
- 64 La abstinencia durante el ciclo menstrual (*Nidá*)
- 66 La enfermedad
- 66 Los secretos del *Zóhar*
- 72 Visitar a los enfermos
- 73 La muerte
- 76 Siete días de luto
- 77 El cementerio
- 78 Lavarse las manos al salir de un cementerio
- 79 La sepultura de los kabbalistas justos
- 79 La vela del aniversario de muerte

PARTE DOS: UN DÍA EN LA VIDA

- 85 La semántica del rezo: Dios es el sustantivo, la humanidad es el verbo
- 88 Rezos: tres veces al día
- 89 *Minián*: el poder de los diez
- 90 Conexiones en hebreo y en arameo
- 91 Escanear el *Zóhar*
- 93 La promesa del *Zóhar*
- 95 El esplendor en la cara de Moisés

96	La revelación del *Zóhar*
97	El Nombre de Dios de 42 letras (Meditación de un Kabbalista)
98	El regreso del Alma (*Modé Aní*)
98	El lavado de manos
99	Las bendiciones antes de las comidas
101	Kosher
103	El agua de Kabbalah
105	El Hilo Rojo
106	Flecos y cobertores de cabeza (*Tzitzit, Talit, Kipá*)
107	*Tefilín* (Filacterias)
109	Sacrificio
112	Cómo tenerlo todo

PARTE 3: LA SEMANA LABORAL

117	El Sábado (*Shabat*)
119	La estructura del Shabat
120	Cocción del pan de Shabat (*Jalá*)
121	La lectura de la *Torá* durante los días de la semana

PARTE CUATRO: CICLO MENSUAL

125	Cabeza de Mes (*Rosh Jódesh*)
126	Los componentes básicos
127	Bendición de la Luna Nueva

PARTE CINCO: EL CICLO ANUAL

131	La corte de la Causa y el Efecto abre la sesión
133	Crimen y castigo
134	Crímenes y delitos menores
136	Un alegato

137	El secreto del *Shofar*
139	No se trata de un Año Nuevo
140	La paz mundial
141	Otro antiguo secreto del *Shofar*
144	*Yom Kipur*
146	La conexión con los pollos (*Kaparot*)
147	*Sucot*
148	Regocijándonos con la Torá (*Simjat Torá*)
148	*Jánuca*
149	El año nuevo de los árboles (*Tu Bishvat*)
150	*Purim*
153	La conexión de *Pésaj*
154	Descifrando el código
155	Responsabilidad
156	La abstención del pan
157	Las diez plagas
157	El código de tiempo
158	Los cuarenta y nueve días del *Ómer*
159	El trigésimo tercer día del *Ómer* (*Lag BaÓmer*)
160	La revelación (*Shavuot*)
161	El noveno día de *Av*
163	La conexión de amor (*Tu BeAv*)

PARTE SEIS: PRÁCTICAS GENERALES DEL KABBALISTA

171	Conexión con los justos de la historia
172	El cuarto de guerra
173	La separación en el cuarto de guerra (*Mejitsá*)
174	Vestirse de blanco
174	La *Mezuzá*
175	Barba y patillas
176	Escribir la Torá

176	Rodar desnudo en la nieve
178	El diezmo
179	Las uñas
180	El vino, el pan y la sal
181	El dinero
183	La caridad (*Tzedaká*)
184	El Mesías (*Mashíaj*)
188	*Geniza*
188	La salvia y el incienso
189	Astrología
190	Numerología (*Guematria*)
193	Los ángeles
194	Los sueños
196	La reencarnación
200	La Luz
202	El poder del estudio
203	El arrepentimiento
209	Vidas pasadas
214	El 97 por ciento y el 3 por ciento

introducción

La Kabbalah no es una religión; tampoco es una filosofía, ni una doctrina. La Kabbalah es una forma de vida: un camino vivo, alentador y vibrante hacia la perfección de los seres humanos y la transformación del mundo. Con "perfección" quiero decir la felicidad completa: libre de preocupación, miedo, ansiedad, enojo y todas las demás emociones negativas que se interponen entre nosotros y la plenitud. La Kabbalah no está restringida a ningún sistema de creencias ni a una fe específicos; es universal. De la misma forma que la fuerza de gravedad mantiene sobre la tierra a los musulmanes, los judíos, los budistas, los cristianos y los ateos, el camino universal de la Kabbalah eleva a musulmanes, budistas, cristianos y a todo el mundo a niveles superiores de plenitud, sabiduría y felicidad verdadera.

La noticia emocionante es que la Kabbalah no es una propuesta de todo o nada. Este libro tiene como propósito presentar un camino completo que ofrezca tantos elementos kabbalísticos como sea posible. De ese modo, *tú* decides cuáles de las numerosas herramientas y tecnologías de la Kabbalah puedes aplicar mejor en tu vida personal.

Los ciclos de la vida

La estructura de este libro se basa directamente en los ciclos recurrentes de acontecimientos que afectan nuestras vidas. De acuerdo con ello, examinaremos el papel de la Kabbalah en la vida diaria de un individuo, así como también la relevancia de la Kabbalah en nuestras actividades semanales, mensuales y anuales. Cada vez que des la vuelta a una página, recuerda que hay un solo propósito detrás de la existencia de la Kabbalah: eliminar la oscuridad de la vida de las personas y transformar el mundo en un lugar de plenitud, serenidad y satisfacción sin fin. Así es, nada menos. No se emprende el camino de la Kabbalah para ser más inteligente o instruido. ¿Qué beneficio obtendrías volviéndote más inteligente si aún eres desgraciado en tu vida? Tampoco se emprende para volverse religioso. Se ha derramado más sangre en nombre de la religión que por todas las otras causas combinadas. ¿Qué beneficio tiene ser religioso si las plegarias de uno no obtienen respuesta?

La Kabbalah se propone simplemente incrementar el nivel de Luz en el mundo quitando los velos que generan oscuridad. Así pues, exploremos qué significan los términos *oscuridad* y *Luz*.

Luz y oscuridad

La vida parece complicada, pero no lo es; somos *nosotros* los que complicamos nuestra propia vida. Creamos caos allí donde hay orden; estropeamos las cosas y las empeoramos continuamente, simplemente porque no comprendemos en qué consiste y cómo funciona la vida.

Lo primero que necesitamos entender es que la vida es tan simple como *oscuridad* y *Luz*. Cuando digo *Luz* no estoy hablando metafóricamente; tampoco estoy utilizando la palabra *oscuridad* en forma alegórica. En el mundo sólo existen dos cosas: oscuridad y Luz. La vida parece complicada porque la oscuridad tiene una variedad casi infinita de matices (o velos) y la Luz se presenta en un sinnúmero de colores. Sin embargo, en el corazón de todo lo que existe, no encontrarás más que oscuridad o Luz.

Desde el momento que nacemos, todo lo que existe es oscuridad y Luz. Nuestro crecimiento y el desarrollo de nuestro poder son manifestaciones de la Luz. Cuando comenzamos a envejecer, el aumento gradual de nuestra debilidad es una expresión de la oscuridad. De manera similar, cuando nos sentimos satisfechos y llenos de pasión, cuando desbordamos de optimismo y nuestra principal actitud es sentir que *podemos lograr cualquier cosa*, es la Luz expresándose a sí misma en nuestra conciencia. Estas emociones positivas sólo son un efecto de la Luz, la cual es en sí misma la causa subyacente de toda nuestra felicidad.

Por el contrario, cada vez que nos sentimos pesimistas, deprimidos, apáticos o actuamos con cinismo, éstas son manifestaciones de un aumento de oscuridad en nuestras conciencias. Nuevamente, estas emociones negativas son el Efecto; la oscuridad es su Causa.

Ahora bien, si algo externo está causando nuestro dolor, tal como un divorcio o una crisis financiera repentina, *esto también* es una expresión de un aumento de oscuridad en nuestras vidas; pero esta vez la oscuridad está afectando al mundo que nos rodea. El divorcio es el Efecto; la Causa es la oscuridad que entró sigilosamente en nuestra vida. De manera similar, cuando se presenta la oportunidad de negocio adecuada o cuando conocemos a la mujer de nuestros sueños o al "hombre ideal", esto significa que la Luz ha ingresado en nuestras vidas.

Las emociones que sentimos, nuestro estado mental, nuestro estado de conciencia y cada situación que se desarrolla a nuestro alrededor no son más que expresiones, sea de la oscuridad o de la Luz, que hemos invitado a nuestras vidas.

No hay más que esto.

Por ejemplo, cuando tratas de encontrar al compañero romántico adecuado, tienes dos opciones:

1. ensayo y error
2. aumentar el nivel de Luz en tu vida.

Desde el punto de vista kabbalístico, la segunda opción tiene más sentido. ¿Por qué? Porque si tienes más Luz, entonces el compañero adecuado entrará *automáticamente* en tu vida. La Luz es la Causa; tu alma gemela es el Efecto. ¿Por qué atravesar el doloroso proceso de ensayo y error a fin de encontrar a la persona correcta?

El gran problema de la humanidad es que nadie nos ha enseñado a pensar o vivir de acuerdo con este simple paradigma. Vivimos la vida utilizando el proceso de ensayo y error, sin saber jamás que en realidad todo es tan simple como la oscuridad y la Luz.

Estas consideraciones nos llevan a una pregunta que acaso estés formulándote en este mismo momento: ¿cómo podemos aumentar la cantidad de Luz en nuestra vida? Y lo que es más importante, ¿dónde está esta Luz?

Un mundo de Luz

Nuestros cinco sentidos elaboran, y por lo tanto limitan, nuestra percepción de la realidad. La Kabbalah afirma que sólo percibimos el 1 por ciento de la realidad debido a la limitación de nuestros cinco sentidos. Sin embargo, es precisamente en el 99 por ciento que no percibimos donde se encuentra toda la Luz. En el lenguaje de la Kabbalah, esta Realidad del 99 por ciento recibe el nombre arameo de *Zeir Anpín*. A los fines de este libro, la denominaremos tanto Realidad del 99 por ciento como Mundo de la Luz.

A diferencia de la Realidad del 99 del por ciento, nuestro mundo físico recibe el nombre arameo de *Maljut*, y nos referiremos a él como el Mundo de Oscuridad o la Realidad del 1 por ciento. Ahora bien, así como la Luna no tiene luz propia, nuestra realidad física carece de Luz espiritual. Y así como la Luna recibe toda su luz del Sol, toda la felicidad, sabiduría, sustento y plenitud que tienen lugar en nuestro mundo emanan de la Realidad del 99 por ciento. Cada canción, cuento o invento, cada momento de felicidad —incluso el amor mismo— se originan en el 99 por ciento. Nuestro mundo es simplemente el receptor, una Vasija que contiene la Luz del 99 por ciento.

Las cosas buenas solamente ocurren en este mundo cuando de alguna manera logramos conectarnos al Mundo invisible de la Luz. Sin esta conexión, nuestro mundo sería tan oscuro, frío y vacío como el espacio profundo. Cuando algo nos sale mal en la vida, significa que nos hemos desconectado del Mundo de la Luz. Esta desconexión es muy habitual porque la mayoría de la gente no tiene idea de que hay un Mundo de Luz que es la fuente de toda la felicidad.

El camino del Kabbalista está diseñado para ayudarnos a establecer contacto con el Mundo de la Luz y para mantener ese contacto de forma permanente. Hacemos esto a fin de poder emplear la Luz para vencer toda la oscuridad que hay entre nosotros.

Cada vez que estos dos reinos se encuentran —cuando el 99 por ciento y el 1 por ciento se combinan para crear el 100 por ciento—, la Luz espiritual se enciende en el mundo. Es entonces cuando todo sale bien en la vida; cuando sentimos pasión, entusiasmo y satisfacción profunda. La única razón por la cual el caos existe en cualquier lugar del mundo, el único motivo por el cual la oscuridad ingresa en nuestras vidas personales es porque se ha colocado una cortina delante de la Luz que la bloquea. Esta cortina es el mecanismo por el cual nos desconectamos de la fuente de la alegría pura. Sí, es así de simple.

Cada técnica y cada pieza de tecnología que encuentres en este libro te ofrecen una forma de conectarse con el Mundo de la Luz, pues permiten arrancar esa cortina. Y cuando esa cortina se retira, las dos realidades se transforman en una. Es entonces cuando despiertas cada día con un deleite extraordinario y un entusiasmo incontenible.

La oscuridad de la muerte

Como mencioné previamente, la Luz se presenta en varios colores y la oscuridad en muchos matices. Si hicieras una lista de todas las cosas que te disgustan, esa lista solamente representaría unos pocos de los innumerables matices que tiene la oscuridad. Todas las herramientas de este libro están diseñadas para erradicar cada uno de los velos de la oscuridad. (A propósito, el matiz más oscuro es la muerte misma; de hecho, la muerte no es más que eso: oscuridad pura, negra como la noche, desprovista hasta del más mínimo haz de Luz).

¿Creerías que la Kabbalah se atrevió a hacer a la humanidad la promesa máxima? Bueno, así fue. La Kabbalah nos dice que cuando retiremos todos los velos de la oscuridad de este mundo físico, la muerte se irá con ellos. ¡La inmortalidad —la erradicación de la muerte— se convertirá en nuestra nueva realidad! Éste es el deseo más fervoroso de todas las personas que hay en la Tierra, porque significa librarse de ese aspecto de la muerte que no sólo mata el cuerpo, sino también otras partes de nuestra vida. Cada vez que la felicidad cede ante la tristeza, significa que la muerte ha sacrificado nuestra felicidad. Cada vez que el dinero deja de fluir en nuestra vida, según los antiguos kabbalistas, significa que ha sido retenido por la fuerza de la muerte. Cuando todo en la vida se torna confuso y caótico, es la energía de la muerte que ha triunfado momentáneamente sobre la fuerza perfecta e invisible conocida como *orden*. Permíteme citar a mi padre, el Kabbalista Rav Berg, quien en su innovador libro *Nano: Tecnología de la mente sobre la materia*, ofrece una explicación sencilla sobre la inmortalidad:

> *Cuando uno habla de inmortalidad, no sólo incluye el final de la muerte biológica; también incorpora la alegría, la sabiduría, la felicidad, el entusiasmo, la pasión sin fin y la plenitud más allá de lo que nuestras mentes racionales puedan concebir.*
>
> *La inmortalidad se refiere a un nivel extático de felicidad que nunca se va, nunca muere.*
>
> *El aburrimiento, la soledad, la enfermedad, la ansiedad, el miedo y la preocupación dejan de existir porque sólo son productos derivados de la muerte. Desde la perspectiva kabbalística, cuando llegas a la esencia de lo que todos los seres humanos quieren de la vida, se trata de la inmortalidad en todas sus infinitas manifestaciones.*

En este punto, otro velo de oscuridad suele entrar sigilosamente en nuestra conciencia: la duda, a menudo unida al escepticismo y el cinismo. En otras palabras, nuestra incapacidad para saber con absoluta certeza que la muerte puede ser erradicada es parte de la misma oscuridad a la que hacemos frente. La *duda es oscuridad*. Debido a que todos la poseemos en cierta medida, no podemos concebir que la oscuridad y por consiguiente la muerte puedan erradicarse para siempre y por completo. ¡Parece que nos encontramos en una paradoja! Pero no hay por qué desesperarse, pues la sabiduría de la Kabbalah está diseñada para resolver este dilema.

Así es como funciona: cuanto más avances en el *El camino del Kabbalista*, más Luz recibirás. Cuanta más Luz recibas, más seguro estarás de que la muerte puede ser erradicada de este mundo. Piensa en una niña que está aprendiendo a caminar: si no creyera que puede hacerlo, nunca se pondría de pie; pero con el estímulo de sus padres, decide aceptar el riesgo. Entonces el simple acto de dar esos primeros pasos fortalece aún más su sensación de que puede hacerlo. Pronto está caminando; luego acelera el paso, se anima a trotar ¡y finalmente corre a toda velocidad!

Con la Kabbalah sucede exactamente lo mismo. El propio camino eleva gradualmente nuestra conciencia, de modo que inevitablemente comenzamos a percibir la verdadera realidad, lo cual nos permite recibir toda la plenitud infinita que este mundo realmente nos ofrece.

El poder de ganárnoslo

Según la Kabbalah, el Creador llevó a la existencia este mundo oscuro y peligroso para que *nosotros* —no Dios— pudiéramos transformarlo en un paraíso lleno de Luz, donde toda la humanidad viva literalmente por siempre. Esta situación no difiere mucho de la del padre que construye un imperio de mil millones de dólares, y cuya mayor alegría sería entregar a su hijo todo su negocio. Sin embargo, si lo hiciese, el hijo no se sentiría realmente el verdadero dueño; en lo más profundo de su ser, no podría sentirse realizado por la sencilla razón de que todo le habría sido dado. El hijo no comenzó el negocio ni lo convirtió en un éxito; no demostró ser merecedor de asumir la propiedad total del imperio. Por lo tanto, lo único que *haría* verdaderamente feliz al hijo sería experimentar la alegría, la plenitud y la sensación de logro que tiene quien ha *construido* el imperio por sí mismo.

Los Kabbalistas se refieren a este concepto como el *Pan de la Vergüenza*. Esta expresión reconoce que todo el mundo prefiere *ganarse* el pan que come en vez de recibirlo como una donación caritativa. La persona que se siente un objeto de caridad experimenta una profunda sensación de vergüenza. Para sentirse verdaderamente digna de lo que posee, debe ganarlo en virtud de su propio esfuerzo. Se trata de una idea simple, pero con una implicación profunda.

Verás, la inmortalidad y el paraíso nos fueron otorgados en el momento en que nosotros —las almas de la humanidad— fuimos originalmente concebidos, mucho antes que existiera el universo físico. Este *Mundo Sin Fin* estaba formado por dos elementos: la Luz, que brilla desde el Creador, y la Vasija, una entidad cuya única naturaleza era recibir la Luz de la Felicidad que emanaba del Creador.

Sin embargo, nosotros elegimos no recibir la felicidad infinita que el Creador nos entregaba gratuitamente. Pedimos, por el contrario, algo mucho más valioso: la oportunidad de construir ese paraíso nosotros mismos, de ganárnoslo en vez de recibirlo servido en bandeja de plata. Esto explica por qué Dios se encuentra oculto en nuestra realidad. Dios se apartó a un lado y nos procuró herramientas para que construyamos el paraíso nosotros mismos. De acuerdo con los antiguos kabbalistas, el momento en que Dios se apartó a un lado fue cuando se produjo la Creación del universo: el Big Bang.

Debido a que deseamos ganarnos todo lo que la Luz nos estaba entregando gratuitamente, la relación original entre la Luz y la Vasija se rompió repentinamente. La Vasija se despedazó, fragmentándose en pequeñas porciones de alma (que produjeron las almas femeninas y masculinas) para que pudiésemos interactuar recíprocamente con el propósito de recrear el paraíso mediante nuestro propio esfuerzo.

el camino del kabbalista

En términos simples, cuando transitamos el camino de la Kabbalah tal como se describe en este libro, nos transformamos lentamente. El efecto más grande de este proceso de transformación es la conversión de este mundo en paraíso. Pero cuando transitamos el camino en sentido contrario, nuestro mundo se torna más oscuro y las fuerzas del caos se fortalecen.

No es necesario ser un genio para darse cuenta de que hemos estado andando por el camino equivocado en los últimos miles de años. *El camino del kabbalista* es el camino de *regreso a casa*. Es el camino para ganarnos y lograr el objetivo máximo, nada menos que la felicidad infinita.

A simple vista, puede no ser aparente que quienes siguen el sendero del kabbalista están transformando este mundo en paraíso. No podemos percibir fácilmente esta transformación con nuestros cinco sentidos; pero es esta misma dificultad lo que otorga al sendero del kabbalista su extraordinario valor, transformando a aquellos que lo siguen en merecedores de heredar la inmortalidad y el Cielo en la Tierra. Si pudiésemos verlo todo de antemano —si Dios anulara todas nuestras dudas revelándonos la verdad absoluta— entonces todos podríamos transitar ese camino de forma fácil y voluntaria, y el mundo se habría transformado en un paraíso hace muchísimo tiempo. Pero esto no sería diferente de aquel padre que entrega las llaves de la sala de dirección a su hijo sin que haya trabajado un solo día de su vida.

No podemos crear nuestro propio paraíso si no tenemos el libre albedrío para hacerlo; o para *no* hacerlo. Y si supiéramos la verdad, sería como abolir el libre albedrío, porque en ese caso nuestra elección estaría determinada. Por ese motivo se nos presentan cortinas que bloquean la Luz, y así se preserva el libre albedrío. Porque es superando la oscuridad, elevándonos por encima de la duda, venciendo el cinismo y desechando el descreimiento como *nos ganamos* nuestra herencia para poder disfrutarla por siempre una vez que la hemos logrado.

El archienemigo

Mientras nos esforzamos para ganarnos nuestra herencia, debemos recordar que nuestra ignorancia, nuestra limitada percepción humana, no es el único obstáculo. También tenemos un enemigo; sólo uno, pero un enemigo verdaderamente merecedor del rol que desempeña. Tú conoces a este adversario, a este gran oponente de la humanidad.

Satán.

Contrariamente a la creencia popular, Satán no es un diablo ni un demonio con cuernos y cola. *Satán* es una palabra hebrea que aparece por primera vez en la Biblia, en el Antiguo Testamento: los rollos de Moisés de la Torá. La palabra *Satán* significa simplemente *Adversario*. En sentido estricto, esta palabra no es un nombre; es más bien la descripción de un trabajo. Satán es una fuerza adversa de conciencia que existe dentro de nuestras cabezas. Así es; Satán no es un demonio que ande suelto por el mundo, es una fuerza de conciencia que reside en nuestra propia mente.

La descripción del trabajo de Satán es muy simple. Él busca una sola cosa: que *recibamos incesantemente*, mientras que nuestro trabajo consiste en *resistirnos* al acto de recibir y comenzar a *compartir* incondicionalmente. ¿Por qué quiere Satán que recibamos? Porque cuando recibimos, estamos repitiendo el papel que tuvimos en el Mundo Sin Fin. Cuando todo lo que hacemos es recibir, puede que no sintamos carencia en ese momento; pero después —puede llevar una hora, un día, un mes o incluso un año— sentimos el *Pan de la Vergüenza* en lo más profundo de nuestro interior. Más precisamente, nos desconectamos de la Realidad del 99 por ciento. Esto es lo que logramos cuando sólo recibimos. *Nuestro Deseo de Recibir Solo para sí Mismo*, tal como lo definen los kabbalistas, ocasiona nuestra desconexión. Por el contrario, compartir nos conecta con la Luz de la Realidad del 99 por ciento.

¿Por qué entonces, al parecer, hay tantas personas que aman recibir y odian compartir? Aquí aparece el Adversario, nuestro único archienemigo. El Adversario expresa su voluntad a través del ego humano. De hecho, el ego no es más que eso: la voz del Adversario controlando nuestros pensamientos y deseos. Él es la cortina que esconde nuestro verdadero ser: el alma humana y nuestro *Deseo de Compartir* y de amar a los demás incondicionalmente.

Los kabbalistas revelaron una verdad aterradora: cada pensamiento, impulso o emoción reactiva que el ego detona en nuestra mente es la herramienta del Adversario. Esos pensamientos y emociones no nos pertenecen; pero nosotros pensamos que sí. De hecho, en el único momento que hacemos contacto con nuestra alma y nuestra verdadera felicidad es cuando nos resistimos a esos pensamientos. Es más, sólo cuando reconocemos la voz del ego como la voz del Adversario podemos hacer algo profundo: lo contrario a lo que el ego nos dice que hagamos. Cuando nos oponemos al mandato del ego, dejamos de recibir. Estamos compartiendo.

Ahora veamos en términos más prácticos qué significa *recibir*, qué significa *compartir*, y qué significa hacer *lo contrario* a lo que el Adversario nos ordena hacer.

En vez de gritar, hablamos con tranquilidad.

En vez de maldecir, halagamos.

En vez de tomar, damos.

En vez de preocuparnos, actuamos con certeza y nos hacemos cargo.

En vez de temer, actuamos con valentía.

En vez de buscar venganza, ofrecemos perdón.

En vez de culpar, nos hacemos responsables.

En vez de representar el papel de víctima, asumimos nuestra responsabilidad.

En vez de meramente soportar un problema, buscamos sanarlo.

En vez de quejarnos, comenzamos a apreciar.

En vez de ver lo negativo de una situación, encontramos lo positivo.

En vez de juzgar a otros, buscamos lo bueno que hay en ellos.

En vez de chismosear y hablar mal de los otros, cambiamos de tema o, simplemente, nos retiramos.

En vez de listar las razones por las cuales la vida es tan injusta, comenzamos a contar nuestras bendiciones.

En vez de calcular cómo algo nos beneficiará, encontramos una forma de asegurarnos de que la otra parte se beneficie.

En vez de reaccionar ante situaciones externas, hacemos resistencia y nos volvemos proactivos.

¿Vas comprendiendo la idea? Bien. A través de los años, mi padre ha remarcado constantemente algo muy importante, que nunca debemos olvidar: todo este comportamiento *contrario* no está motivado por la moral, la ética, ni por ningún ideal noble. Muy por el contrario, actuamos así porque es un negocio inteligente. Es un comportamiento astuto, que ofrece recompensa. Mi padre, el Rav, lo llama *Codicia Iluminada*. No te equivoques, es codicia, lisa y llanamente, pero no por el oro falso. Es codicia por lo real y verdadero, por la Luz misma. Y esta Codicia Iluminada es la única razón para transitar el camino kabbalístico.

Tiempo para ver la verdad

Si la codicia (aunque sea Codicia Iluminada) es la motivación para transitar el sendero de la Kabbalah, quizá pienses que más gente debería ser kabbalista. Después de todo, ¿qué podría ser más fácil de sentir, o más intuitivo, que la codicia? El problema es que Satán nos desvía del camino con uno de sus trucos más poderosos: la ilusión del tiempo. Cuando el tiempo pasa entre causa y efecto, ya no podemos ver la conexión entre ambos; de esta forma, perdemos de vista las consecuencias verdaderas de nuestras acciones.

El tiempo es una cortina que oculta las asombrosas y extraordinarias recompensas que genera el comportamiento basado en compartir y cuidar a los demás. El tiempo también pospone la penalización producida por el comportamiento reactivo basado solamente en recibir, dejándonos la falsa impresión de que el egoísmo es beneficioso. El tiempo, al demorar las consecuencias de nuestras acciones de modo que no podamos conectar los puntos, crea la ilusión de que no hay justicia.

La humanidad ha sido engañada por el concepto de *tiempo* durante miles de años para comportarse de forma egoísta. Si realmente viésemos que herir a otros sólo nos hiere a nosotros mismos al final del camino, cambiaríamos inmediatamente. Pero no podemos ver la verdad. Diremos, seguramente, que todo lo que hacemos tarde o temprano vuelve a nosotros; pero en lo más profundo de nuestro ser la mayoría no lo creemos. Es más, aun sabiendo que algo va en detrimento de nuestro bienestar, como por ejemplo comer en exceso, no tenemos la fuerza de voluntad para vencer al implacable *Deseo de Recibir*. Comemos y comemos, aun sabiendo que no deberíamos hacerlo.

El Adversario esgrime contra nosotros tres tipos de poder. Primero, el objetivo del Adversario es impedir que pensemos a largo plazo y lograr que nos conformemos con la gratificación inmediata. Hace esto utilizando el tiempo para retardar la repercusión de nuestras acciones. Entonces, cuando el caos y la oscuridad nos golpean en un futuro, parecen ser acontecimientos azarosos en lugar de ser el resultado de la pérdida de nuestra conexión con el Mundo de la Luz. Sin embargo, detrás de la apariencia del azar existe un orden profundo. El tiempo meramente oculta la verdadera relación entre Causa y Efecto.

En segundo lugar, él evita que creamos realmente en su existencia, haciendo más fácil que sucumbamos a la ilusión de que sus impulsos y deseos son los nuestros. De esta forma nos engaña para que cumplamos constantemente sus mandatos.

En tercer lugar, el Adversario es fuerte, persuasivo y poderoso. Por lo tanto, derrotarlo es casi imposible.

Sí, mis amigos, el libre albedrío tiene un precio. Pero *El camino del Kabbalista* nos suministra todas las herramientas que necesitamos para encarar y superar estos tres formidables obstáculos.

No podemos avanzar más con esta discusión ahora porque el funcionamiento oculto y la meta final de nuestro archienemigo sólo se nos harán evidentes a medida que la Luz en nuestras vidas vaya aumentando. Sin embargo, leyendo este libro y aplicando sus contenidos diariamente es como ampliamos la presencia de la Luz en nuestras vidas, de modo que vayamos directamente a ello. La Oscuridad ya ha reinado bastante en este mundo.

Comencemos en el vientre materno.

primera parte
los ciclos de la vida

El embarazo

Antes que la mujer quede embarazada, primero debe ocurrir algo: el acto sexual. La Kabbalah nos dice que el acto sexual entre el hombre y la mujer refleja el acto sexual potencial que puede ocurrir entre nuestro Mundo de Oscuridad y el Mundo de la Luz. Cuando estos dos mundos están conectados, la Luz entra en nuestra realidad.

El gran secreto, que se mantuvo oculto durante unos dos mil años, es que el ser individual está íntimamente conectado al todo. El mundo interior que albergamos y el mundo exterior que nos rodea están constantemente danzando uno con otro. Lo que ocurre en el interior también ocurre en el exterior. ¿Cómo es posible? Porque la Vasija original que recibió la Luz —la Vasija que se fragmentó creando las almas humanas— fue estructurada en la línea de un holograma. El cuerpo humano funciona del mismo modo. Un ser humano se compone de trillones sobre trillones de células, pero cada célula del cuerpo contiene el código completo de ADN necesario para expresar el organismo totalmente formado. El todo contiene la parte y la parte contiene el todo; así es exactamente como funciona la Vasija fragmentada: cada fragmento contiene la Vasija entera en su interior. Por lo tanto, cuando dos personas se unen en una relación sexual es cuando ejercen la influencia más profunda sobre el mundo. Dos personas unidas en el acto sexual también contienen en su interior toda la realidad, y esta fusión de almas es una fusión del Mundo de la Oscuridad y el Mundo de la Luz. Por consiguiente, su comportamiento también afecta al todo.

Es la conciencia de cada individuo lo que determina si nuestro mundo se acerca al Mundo de la Luz o si se deja llevar hacia las profundidades de la oscuridad. Si en una pareja la conciencia de ambos está controlada por el Adversario y ambos están en un *modo receptor o egoísta*, el resultado será una mayor distancia entre el 1 por ciento y el 99 por ciento. Por el contrario, si ambos se resisten a los impulsos del ego y elevan su conciencia al nivel de compartir incondicionalmente —donde cada uno antepone las necesidades del otro a las propias—, nuestro mundo reflejará este comportamiento desinteresado y se conectarán al Mundo de la Luz. La Luz fluirá también hacia la relación de pareja, pues serán recompensados por contribuir a nuestro mundo con energía positiva.

Todas nuestras acciones —tanto dentro como fuera del dormitorio— determinan si nuestro mundo se conecta o no con el Mundo de la Luz. La condición humana y el estado del planeta son reflejos directos de las acciones de cada persona en la Tierra. Tan pronto como comencemos a darnos cuenta de esta verdad y a vivir conforme a ella, el mundo cambiará de forma milagrosa.

El momento de la concepción

Otra forma de atraer Luz a nuestra realidad es por medio de los hijos. Cada vez que un hombre y una mujer se unen en el acto sexual, más almas descienden a esta realidad física. Si la pareja logra la concepción, entonces el alma ingresa en la mujer en el momento en que el esperma fertiliza el óvulo.

La calidad del alma, su brillo y el grado de conciencia pura y positiva que finalmente se expresarán en el recién nacido están determinados por la conciencia y la intención de la pareja durante su relación sexual. Si la pareja medita con la intención de hacer descender un alma que pueda ayudar a cambiar el mundo y traer Luz a esta existencia física, los pensamientos de la pareja ascienden hacia el Mundo de la Luz y atraen el alma más elevada. Los niños a menudo vienen a este mundo con un gran equipaje de vidas pasadas. Atraer un alma *elevada* significa que el karma del niño (el resultado de sus acciones en vidas pasadas) se encuentra más equilibrado hacia el lado positivo. Esto asegurará que en la vida del niño haya menos caos y menos obstáculos difíciles. Algunas almas vienen a este mundo con el único propósito de ayudar a los demás; otras vienen a este mundo físico para aprender lecciones difíciles de la vida. Atraer un alma elevada nos asegura que nuestro hijo estará aquí para ayudar más que para aprender

Un principio básico de la Kabbalah es que *lo similar se atrae*. Si la pareja unida en la relación sexual está llena de amor, generosidad y deseo de compartir incondicionalmente, atraerá un alma similar a ellos. Lo similar se atrae. Pero si el estado mental de la pareja se encuentra dominado por el egoísmo, la ira o la lujuria, entonces el alma atraída por esta unión tendrá mucho trabajo espiritual por hacer, y éste podría resultar muy doloroso. Cuando comprendemos las Leyes espirituales del Universo, podemos usar la tecnología espiritual del acto sexual para que nos ayude a atraer más positividad a nuestras vidas.

El ADN espiritual

Según la Kabbalah, en el momento de la concepción se determina por lo menos el 80 por ciento del futuro del bebé; otro 10 por ciento de su futuro se determina en el momento del parto; y el 10 por ciento restante, a los tres años. Estas tres etapas imprimen en el alma del niño su ADN metafísico. Por ello el estado de conciencia de una pareja durante el acto sexual es tan importante. Desafortunadamente, el Adversario ha hecho un buen trabajo en ocultar estas verdades espirituales al mundo. Él ha hecho que el concepto de la espiritualidad resulte totalmente extraño a nuestras mentes incesantemente racionales. Como resultado, en vez de concentrarnos en lo que más importa —la espiritualidad y la conciencia— creemos que la única forma de influir sobre la realidad y proteger a nuestros hijos nos la ofrece la información de nuestro mundo del 1 por ciento.

El poder de la Luz Interior y la Luz Circundante

En el momento de la concepción, la energía espiritual del padre infunde dentro del aura del embrión todo el potencial de transformación espiritual que el niño puede alcanzar a lo largo de su vida. Esta luminosa fuerza envolvente, llamada *Luz Circundante*, permanece en el ser humano en estado potencial, empujándonos constantemente a crecer, a desarrollarnos y transformarnos. Y cuando así lo hacemos, una porción de esta Luz Circundante se transforma y se realiza dentro de nosotros. En el momento en que se realiza, pasa a llamarse Luz Interior.

Asimismo, en el momento de la concepción, la energía espiritual de la madre infunde Luz Interior en el alma del bebé (sin coma entre "Interior" y "en"), suministrándole todos los dones, capacidades naturales y bendiciones que el niño traerá a este mundo y expresará a lo largo de su propia vida.

Meditaciones kabbalísticas para el acto sexual

El antiguo *Zóhar* —el texto más importante de la Kabbalah— nos suministra las meditaciones especiales que podemos utilizar antes y durante el acto sexual a fin de ayudarnos a atraer el alma más positiva posible cuando estamos tratando de concebir un niño. Si la pareja no busca la concepción, también puede utilizar estas meditaciones para que otras parejas del mundo que estén intentando tener hijos atraigan almas positivas. A cambio, tal deseo genera un incremento de Luz (felicidad, pasión, satisfacción) en sus propias vidas y en el mundo en general. Estas técnicas pueden asegurar la entrada de almas positivas en la vida de muchas personas que están concibiendo hijos en diferentes partes del mundo pero que desconocen por completo la importancia y el poder de influencia que ejerce la intención, la meditación y la conciencia en su unión sexual y en la concepción.

Las meditaciones originales que aparecen en el *Zóhar* fueron escritas en arameo antiguo, una lengua cuyo poderoso alfabeto divino llega hasta el Mundo de la Luz, lo cual evita cualquier obstrucción o bloqueo que pueda hallarse entre los dos mundos. El *Zóhar* explica que en la atmósfera espiritual hay paquetes de energía positiva y negativa. Estos paquetes son fuerzas de conciencia real, también conocidas como *ángeles*. Los ángeles entienden casi todos los idiomas de la humanidad. Así pues, los ángeles negativos interrumpen a menudo los rezos evitando que las palabras pronunciadas por la gente asciendan hasta la Realidad del 99 por ciento. Pero como los ángeles no entienden el arameo, cualquier plegaria o meditación pronunciada en este idioma asciende libre de obstáculos hasta el reino más alto de los mundos espirituales.

Por esta razón, los grandes kabbalistas de la historia utilizaron el arameo para todas sus conexiones-rezos más importantes. Por esto también el gran Kabbalista Rav Shimón bar Yojái escribió el *Zóhar*, el libro más relevante de la Kabbalah, en arameo. Jesús y los kabbalistas más célebres de la historia hablaban y escribían en arameo. La lengua aramea tiene la capacidad natural de penetrar directamente en el Mundo de la Luz.

Meditaciones previas al acto sexual

La transliteración que sigue, acompañada de su original, es una antigua meditación aramea para ser utilizada antes del acto sexual. Puedes escanear la forma aramea visualmente de derecha a izquierda, línea por línea, o bien leer la transliteración. Esta meditación asegura que nuestros pensamientos permanezcan puros y positivos durante el acto sexual. Bloquea los pensamientos negativos no deseados, de modo que el deseo de compartir y el amor incondicional ocupen nuestras mentes durante esta importante interacción.

TRANSLITERACIÓN DE UNA BENDICIÓN KABBALÍSTICA

Atifa bekitfa izdamnat, sharei, sharei, la taol ve la tinpok, la didaj, ve la beadbaj. Tuv, tuv yama etragisha, galgaloyi liaj karan, bejulaká kadisha ajidna, bekedusha demalka iteatafena.

עֲטִיפָא בְּקִטְפָא אִזְדַמְנַת, שָׁאֲרֵי שָׁאֲרֵי, לָא תֵּעוֹל וְלָא תִנְפּוֹק, לָא דִּידָךְ וְלָא בְּעַדְבָּךְ. תּוּב תּוּב יַמָּא אִתְרְגִישָׁא, גַּלְגַּלּוֹי לִיךְ קְרָאן, בְּחוּלָקָא קַדִּישָׁא אֲחִידְנָא, בִּקְדוּשָׁה דְּמַלְכָּא אִתְעַטְּפְנָא.

La unión de los dos mundos

La meditación que aparece a continuación une el Mundo superior de la Luz, donde existe el 99 por ciento de la realidad, con nuestro Mundo inferior de Oscuridad, donde está el mundo físico del 1 por ciento que percibimos con nuestros cinco sentidos. Esta unificación de las dos realidades tiene lugar cuando el alma femenina y el alma masculina se unen durante el acto sexual. Entonces la Luz colma a la pareja y a la vez llena todo nuestro mundo. Puedes meditar sobre esta secuencia de dos letras antes del acto sexual; o, si tienes buena memoria, retener en tu mente las letras y luego visualizarlas en el momento del orgasmo.

La primera letra se llama *VAV*. ו

Esta letra conecta con el Mundo de la Luz, *Zeir Anpín*.

La segunda letra se llama *HEI*. ה

Esta letra conecta con el Mundo de la Oscuridad, nuestra realidad física, *Maljut*.

Cuando visualizas *ambas* letras en tu mente, el Mundo espiritual de la Luz se fusiona con nuestro Mundo físico de la Oscuridad. En el momento de la relación sexual, cuando los dos miembros de la pareja se vuelven *un alma*, las dos realidades se transforman en *una sola realidad*. Y del mismo modo que la luz de una lámpara elimina la oscuridad de una habitación, cuando estos dos mundos se fusionan, la Luz de la realidad espiritual invisible erradica toda la oscuridad de nuestro mundo.

La Kabbalah enseña que los hijos eligen a sus padres. En esta elección entran en juego muchos criterios, entre ellos el karma, el ADN de los padres, así como sus características sociales, físicas y emocionales. Dado que lo similar se atrae, el alma de un niño elegirá padres que le brindarán la mejor oportunidad de completar su propia transformación en el curso de su vida. En el otro lado de la ecuación, las intenciones de los padres durante el acto sexual crearán una afinidad con las necesidades espirituales del niño. Si ambos padres se están esforzando por crecer espiritualmente, atraerán un alma que también busque la transformación espiritual.

Los nueve meses de embarazo

Cuando sumas los valores numéricos de las letras que forman la palabra hebrea *herayón*, que significa "embarazo", encuentras que el valor numérico total es de 271. Este número es significativo porque corresponde a los 271 días (o nueve meses) que un alma necesita para penetrar completamente en un embrión y producir un bebé recién nacido.

Hay un motivo por el cual se necesitan nueve meses para que un bebé crezca desde la concepción hasta el nacimiento. Primero, debes saber que la realidad está compuesta de diez dimensiones, conocidas como las Diez *Sefirot* o Diez Emanaciones. Sus nombres son los siguientes:

1. *Kéter*
2. *Jojmá*
3. *Biná*
4. *Jésed*
5. *Guevurá*
6. *Tiféret*
7. *Nétsaj*
8. *Hod*
9. *Yesod*—Vientre cósmico
10. *Maljut*—Realidad física

Nueve dimensiones/nueve meses (agrupa del 1 al 9)

Como ya mencionamos previamente, la décima dimensión, *Maljut*, representa nuestra realidad física. Pues bien, durante los nueve meses de gestación, el alma viaja a través de las nueve dimensiones del mundo espiritual, desde *Kéter* hasta *Yesod*, que es el vientre cósmico. Una vez culminado este proceso, el alma entra en la realidad física y, simultáneamente, el bebé emerge del vientre.

El Sistema de Tres Columnas

Existe otra forma de explicar el sistema espiritual que gobierna nuestro mundo. Según la Kabbalah, la realidad se basa en tres fuerzas de energía, conocidas como el Sistema de Tres Columnas. La Columna Derecha es la carga positiva (+), una fuerza de energía de compartir, dirigida hacia afuera; la Columna Izquierda es la carga negativa (-), una energía de recibir; y la Columna Central es el componente neutral que media entre las dos, determinando cuánto se *imparte* (+) y cuánto se *recibe* (-). Para que un circuito de energía sea integral y completo, se requieren los tres componentes.

El lenguaje de hace dos mil años a veces suena como si no tuviese lugar en nuestro mundo actual, pero hoy la ciencia confirma la antigua visión kabbalística de la realidad. Los físicos nos dicen que el mundo está construido a partir de tres partículas diferentes: el protón (+), el electrón (-) y el neutrón. Juntas, estas tres partículas subatómicas forman el átomo, componente básico de construcción del mundo material.

Dicho de forma sencilla, el Mundo de la Luz se corresponde con la Columna Derecha y el Mundo de la Oscuridad con la Columna Izquierda. Y lo que determina si los dos mundos se unirán para crear una estructura de energía iluminadora y perfecta es nuestro libre albedrío (la conciencia humana). Como cada una de las Tres

Columnas de energía contiene *a la vez* las Columnas Derecha, Izquierda y Central, para que una entidad esté completa deben incluirse las tres columnas con sus subcolumnas. Por ello el embarazo dura nueve meses: el número nueve corresponde a las tres subcolumnas incluidas en cada una de las tres columnas principales, y así 3 x 3 = 9.

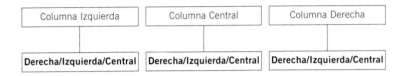

Por lo tanto, los nueve meses de embarazo, que se corresponden con las nueve columnas y subcolumnas que forman el universo, aseguran que el embrión desarrolle todos los componentes físicos y espirituales necesarios para producir el bebé y hacer viable su nacimiento.

Durante los nueve meses de gestación, a medida que el bebé se desarrolla, su alma aprende todos los secretos del universo. Se le muestra la totalidad de su vida futura y también sus vidas pasadas. En el instante anterior a que nazca, un ángel da al niño un toque sobre el labio superior, haciendo que olvide todo. Esta es la razón por la cual todos tenemos un surco vertical entre la nariz y el labio superior.

A nivel subconsciente, el niño sabe qué vino a lograr en este mundo. Sin embargo, la mente racional y el ego harán todo lo que esté a su alcance para impedir que el alma del niño recuerde su propósito y actúe para cumplirlo. Tal como otros obstáculos que ya hemos mencionado, la oposición del ego y de la mente racional tiene por función permitir que ejerzamos el libre albedrío.

Tal como se apuntó al principio de este libro, vinimos aquí para ganarnos y para lograr la transformación de nuestro mundo en un paraíso en toda regla mediante nuestro propio esfuerzo. El ego y la mente racional, que nos llenan de egoísmo, duda y cinismo, son las fuerzas que debemos combatir en nuestro esfuerzo por establecer contacto con nuestras almas y con la memoria que subsiste en lo más profundo de nosotros. A medida que nos conectamos con el alma y alcanzamos nuestro propósito en esta vida, unimos el Mundo de la Oscuridad con el Mundo de la Luz, incrementando con ello la cantidad de energía positiva en nuestras vidas.

Los primeros tres meses de embarazo

Durante los tres primeros meses de embarazo, el embrión en desarrollo está en su mayor punto de vulnerabilidad, puesto que las Tres Columnas todavía no se han desarrollado. Éste es el motivo por el cual los kabbalistas nos aconsejan no revelar el embarazo a nadie durante dicho periodo. Una mirada envidiosa o cargada de celos, así como cualquier otra manifestación de deseo malintencionado, pueden lastimar, voluntaria o involuntariamente, al feto. Después de transcurridos los primeros tres meses, es seguro compartir la buena noticia con familiares y amigos. La Kabbalah también sugiere que las madres se esfuercen mentalmente para mantener su conciencia en un estado positivo y elevado durante este periodo crítico inicial, cuando toda emoción, acción e incluso las propias palabras que pronuncien pueden influir directamente sobre el feto en desarrollo y el alma que está surgiendo.

Lamentablemente, el embarazo es una época durante la cual las hormonas de la mujer destrozan sus nervios. El cuerpo duele, el estómago está delicado y la madre a menudo se siente cansada y malhumorada. El trabajo kabbalístico durante el embarazo se orienta a que ella logre *resistirse* a la tentación de sucumbir a esos estados mentales y, por el contrario, se eleve para superarlos. Cuanta más resistencia se ejerza sobre la negatividad interna, más Luz recibirá el alma.

El poder curativo y purificador del agua

Durante el embarazo se aconseja a la mujer el uso de una antigua herramienta conocida como *mikvé*. La *mikvé* es una clase especial de baño, similar a la bañera de hidromasaje de un spa, que ayuda a purificar y a fortalecer tanto a la madre como al embrión en desarrollo, eliminando todas las fuerzas metafísicas negativas que tratan de adherirse a ellos. Los *mikvés*, que se encuentran en muchas ciudades del mundo, se construyen conforme a medidas y principios precisos descritos por antiguos kabbalistas. ¿Por qué se usa agua en la *mikvé*? Porque el agua es la forma terrenal que más se parece a la esencia espiritual de la Luz del Creador, motivo por el cual más del 70 por ciento de nuestro cuerpo se compone de agua. Piensa en el agua como una forma de *Luz líquida*. Así, cuando el cuerpo está totalmente sumergido de modo que ni un solo cabello permanece fuera del agua, todas las formas de oscuridad, tanto físicas como espirituales, se limpian.

El *Zóhar* enseña que las fuerzas negativas penetran literalmente a nivel celular. Además, debido a que su conciencia es de *recibir*, absorben la fuerza vital de la Luz que hay en cada célula. Una vez que una fuerza negativa ha dejado sin energía a una célula, se traslada de inmediato a una segunda célula, y así sucesivamente. La inmersión en la *mikvé* expulsa de nuestro ser estas entidades negativas.

De la misma forma que el bebé emerge del vientre de su madre a una nueva vida, cuando salimos de la *mikvé* —que es como el vientre cósmico— nosotros también renacemos. La única manera de que la negatividad y la oscuridad puedan aferrarse nuevamente a nosotros es si comenzamos a reaccionar y a sucumbir a los impulsos del Adversario, el ego. Pero si no lo hacemos, después de usar la tecnología de la *mikvé* nos convertimos en seres humanos saludables, totalmente nuevos. Mucha gente que usa la *mikvé* no sabe que esta tecnología tiene un efecto tan poderoso. Una vez que dejan la *mikvé* retornan a los viejos hábitos y pensamientos, ofreciendo de este modo una abertura a la negatividad para que vuelva a entrar en ellos.

El parto

Durante el parto, la madre y el padre pueden meditar acerca del siguiente versículo kabbalístico y los 72 Nombres de Dios para ayudar a aliviar el dolor del alumbramiento y favorecer un parto sin complicaciones:

לַמְנַצֵּחַ מִזְמוֹר לְדָוִד:
leDavid mizmor Lamnatseaj

יַעַנְךָ יְהוָֹה בְּיוֹם צָרָה יְשַׂגֶּבְךָ שֵׁם אֱלֹהֵי יַעֲקֹב:
Yaacov Elohei shem Yesaguevja tzara beyom Adonai Yaaneja

יִשְׁלַח־עֶזְרְךָ מִקֹּדֶשׁ וּמִצִּיּוֹן יִסְעָדֶךָּ:
yisadeka umitziyón mikodesh Ezrecha Yishlaj

יִזְכֹּר כָּל־מִנְחֹתֶךָ וְעוֹלָתְךָ יְדַשְּׁנֶה סֶלָה:
sela yedashneh veolatja minjoteja kol Yizkor

יִתֶּן־לְךָ כִלְבָבֶךָ וְכָל־עֲצָתְךָ יְמַלֵּא:
yemalé atsatja vejol jiljaveja lejá Yiten

נְרַנְּנָה בִּישׁוּעָתֶךָ וּבְשֵׁם־אֱלֹהֵינוּ נִדְגֹּל יְמַלֵּא יְהוָֹה כָּל־מִשְׁאֲלוֹתֶיךָ:
mishaloteja kol Adonai yemalé nidgol Eloheinu uvshem bishuateja Neranena

עַתָּה יָדַעְתִּי כִּי הוֹשִׁיעַ יְהוָֹה מְשִׁיחוֹ יַעֲנֵהוּ מִשְּׁמֵי קָדְשׁוֹ בִּגְבֻרוֹת יֵשַׁע יְמִינוֹ:
yeminó yeshá bigvurot kodshó mishmei yaaneju meshijó Adonai hoshia ki yadati Ata

אֵלֶּה בָרֶכֶב וְאֵלֶּה בַסּוּסִים וַאֲנַחְנוּ בְּשֵׁם־יְהוָֹה אֱלֹהֵינוּ נַזְכִּיר:
nazkir Eloheinu Adonai beshem vaanajnu vasusim veele varejev Eleh

הֵמָּה כָּרְעוּ וְנָפָלוּ וַאֲנַחְנוּ קַּמְנוּ וַנִּתְעוֹדָד:
vanitodad kamnu vaanajnu venafalú karú Hema

יְהוָֹה הוֹשִׁיעָה הַמֶּלֶךְ יַעֲנֵנוּ בְיוֹם־קָרְאֵנוּ:
korenu veyom yaanenu hamelej hoshia Adonai

Desde el punto de vista espiritual, cuanto más dure un embarazo y más natural sea el proceso del parto, mejor será para el niño. Cualquier clase de operación que se realice en un primogénito varón impediría realizar la Redención del Primogénito (*Pidyón HaBén*, explicado en el capítulo siguiente). Por lo tanto, debe hacerse todo lo posible para que el niño nazca de forma natural, a menos que la salud de él o de la madre estén en riesgo.

Si antes y durante el parto, además de las meditaciones mencionadas, la madre o el padre leen el *Zóhar*, generarán un escudo protector de Luz que favorecerá un nacimiento seguro y lleno de Luz.

primera parte: los ciclos de la vida

El Nacimiento

el camino
del
kabbalista

La paz esté con el varón (*Shalom Zajar*)

La noche del primer viernes posterior al nacimiento del varón, tras la cena de Shabat, la familia participa en una conexión espiritual llamada *Shalom Zajar*. Esta conexión poderosa tiene lugar en el Shabat *antes* de la llamada Alianza de la Circuncisión (explicada en el siguiente apartado). Esto permite al niño experimentar un Shabat completo antes que se efectúe la circuncisión. El Shabat es la fuente de toda la energía y el poder que el bebé recibirá de la circuncisión a nivel de semilla. Igual que una semilla de manzana contiene todo el manzano, incluyendo el fruto final, el Shabat anterior a la circuncisión contiene toda la energía, la Luz y el poder que el niño recibirá durante la circuncisión.

En esta celebración, todo el mundo come un garbanzo. Si miras de cerca un garbanzo, verás que tiene la forma de dos labios que parecen la boca de un niño. La idea de comer garbanzos es que al hacerlo se está dando al niño el poder para pronunciar las palabras verdaderas de sabiduría que él ya conoce en lo profundo de su alma. Recuerda que mientras el bebé está en el vientre se le muestran todos los secretos del universo, todas sus experiencias en vidas pasadas, y —lo que es más importante— los distintos momentos de transformación que necesita alcanzar durante la vida que está a punto de comenzar. Sin embargo, para preservar su libre albedrío, un ángel borra de la memoria del niño todo lo que éste ha aprendido.

Mientras las personas que participan en el *Shalom Zajar* comen el garbanzo, meditan sobre el niño otorgándole fortaleza, intuición y coraje para recordar, reconocer y afrontar instintivamente todos los desafíos que ha venido a conquistar a este mundo para alcanzar su transformación personal. El *Shalom Zajar* ayuda al niño a recordar en su subconsciente todo lo que olvidó cuando emergió del vientre. El niño tendrá la capacidad de recordar y, por lo tanto, de *decir* poderosas verdades. Los participantes que comen garbanzos también reciben algo: la toma de conciencia de su propia misión en la vida.

La Alianza de la Circuncisión

La circuncisión, conocida en hebreo como *Brit Milá*, no es una mera costumbre o ritual religioso efectuado en nombre de la tradición. La circuncisión es una tecnología poderosa que nos ofrece la capacidad de expulsar las fuerzas negativas más fuertes que penetran en nuestra realidad física y en nuestra vida personal.

Tal como indicamos antes, el cuerpo humano refleja la realidad espiritual, que está compuesta por diez dimensiones o *Sefirot*. El órgano reproductor masculino se corresponde con la Sefirá de *Yesod*, que es el portal y el acceso a nuestra realidad física. Toda la Luz espiritual que ingresa en nuestro mundo pasa a través de *Yesod*. Por este motivo, las entidades negativas pululan alrededor de la entrada de *Yesod* para robar Luz y conseguir entrar en nuestras vidas.

- *Kéter*
- *Jojmá*
- *Biná* ⬅➡ **Fuente de la vida**
- *Jésed*
- *Guevurá*
- *Tiféret*
- *Nétsaj*
- *Hod*
- *Yesod* ⬅➡ **Entrada a nuestro mundo**
- *Maljut* — Realidad física

El órgano reproductor masculino es la manifestación física de *Yesod* en el cuerpo humano. El semen se asemeja a la Luz del Creador en su poder de dar vida, y fluye a través de la anatomía masculina para entrar en el órgano reproductor femenino de igual forma que la Luz fluye a través de *Yesod* para entrar en *Maljut*, el mundo físico. Los desechos que también fluyen a través del órgano reproductor masculino son un reflejo de las fuerzas negativas que rondan cerca de *Yesod*, esperando la ocasión de infiltrarse en nuestras vidas. Por lo tanto, el órgano masculino contiene tanto el mayor nivel de divinidad (el semen, vinculado al poder de crear vida humana) como la forma física más oscura (el desecho humano).

El propósito de la circuncisión es arrancar las entidades oscuras y negativas que residen en la dimensión de *Yesod*. El cuerpo humano es un puro microcosmo del reino espiritual; por eso al circuncidar el *Yesod* (en la forma de órgano reproductor masculino) se aniquilan las fuerzas negativas (el prepucio) que se alojan en esta dimensión oculta.

La ciencia médica moderna ha hallado evidencia que valida la verdad espiritual de la negatividad del prepucio. Los científicos han probado que las células del prepucio son invadidas muy fácilmente por el VIH. Usando un lenguaje descriptivo profundamente similar a la Kabbalah, los científicos dicen que el prepucio actúa como una puerta de acceso para que el VIH ingrese en el cuerpo; también han descubierto que la parte interior del prepucio es nueve veces más susceptible al virus que las capas exteriores.

La circuncisión se efectúa al octavo día que el niño nace. Esto le da tiempo a su alma para conectarse con *Biná*, dimensión espiritual que está ocho niveles por encima de *Maljut*. También conocida como la *Realidad del Árbol de la Vida*, *Biná* es el almacén de la Luz que es fuente de la vida. Esperar hasta el octavo día también permite que el niño, al experimentar un Shabat completo antes de la circuncisión, se conecte más con *Biná*.

Es interesante observar que según la ciencia médica es al octavo día de vida de un bebé cuando su sangre alcanza una coagulación propicia. La Kabbalah nos dice que el alma, que contiene aspectos positivos y negativos, reside en la sangre. Si a medida que un niño crece, los aspectos negativos de la muerte permanecen en su sangre, el Adversario tendrá más poder para ejercer su influencia destructiva sobre todo lo que el niño piense, decida o elija. A través de la circuncisión, la sangre se purifica espiritualmente y la fuerza negativa, literalmente, se erradica.

Antes de efectuar la circuncisión, se destina una silla especial al famoso sabio y justo llamado Elías el Profeta. Este gran profeta bíblico es el que impartió las enseñanzas divinas del *Zóhar* a Rav Shimón bar Yojái hace unos dos mil años. La presencia metafísica de Elías erradica la energía negativa y las fuerzas de la muerte durante la circuncisión. Elías no puede morar entre personas que tengan en su interior algún nivel de negatividad. Sin embargo, es evidente que todos tenemos alguna medida de ego y negatividad dentro de nosotros; por lo tanto, durante la circuncisión, el Creador purifica literalmente a todos los presentes para que la presencia de Elías pueda eliminar del niño la fuerza de la muerte. De este modo, cada persona que asiste a una circuncisión es espiritualmente limpiada y purificada de forma automática.

Para sostener al niño durante la circuncisión, habitualmente se elige a un maestro espiritual o kabbalista, conocido como *Sandak*. Mientras que el papel de Elías el Profeta es eliminar las fuerzas de la oscuridad y de la muerte, el *Sandak* canaliza la Luz que dará fuerza y vigor al niño. La cantidad de energía y conciencia puesta en la circuncisión determinará cuán fuerte será el niño durante toda su vida, particularmente con respecto a su sistema inmunológico y su nivel de conciencia.

Al concluir la circuncisión, el prepucio, fuente de toda negatividad y muerte, es enterrado bajo tierra.

Tal vez el efecto más importante de la Alianza de la Circuncisión es que *todos* los que asisten a esta conexión reciben tanta Luz, bendiciones, purificación y transformación espiritual como las que se consiguen tras cuarenta días de ayuno. De esta forma, la circuncisión es el máximo escenario de beneficio espiritual para el bebé, la familia y todos los participantes. Los kabbalistas concurren a estos eventos, no para gozar de una fiesta, sino para eliminar de sí mismos y de otros la negatividad de la muerte, así como para fortalecer su propia conexión con el Árbol de la Vida.

Redención del Primogénito

Treinta días después del nacimiento, los varones primogénitos nos ofrecen una poderosa oportunidad de llevar a cabo lo que se conoce como la *Redención del Primogénito* (*Pidyón Habén* en hebreo). Esta antigua práctica kabbalística realmente expulsa al Ángel de la Muerte del niño primogénito y de todos los futuros hermanos que se incorporen a la familia, así como también de todos aquellos que participan del evento. Del mismo modo que una semilla de naranja influye directamente sobre el tronco, las ramas, las hojas y los frutos que emergerán de ella, el hijo primogénito influye espiritualmente sobre todos los hijos que nacerán después de él. Por lo tanto, al eliminar el "aspecto de la muerte" del primogénito, la fuerza de la muerte es erradicada de todos los hijos que le seguirán. Dios concedió a Moisés la Redención del Primogénito antes de la revelación de la Torá en el Monte Sinaí. Jesús (*Yehoshua*) fue redimido conforme a esta antigua práctica por sus padres Miriam y Yosef (María y José), quienes lo llevaron al Templo para efectuar este rito kabbalístico.

Cuando una mujer alumbra de forma natural a su primer hijo —es decir que nunca tuvo un aborto después del tercer mes de embarazo y su primer hijo no nace por cesárea— y éste es varón, entonces el padre del niño lleva a cabo la Redención del Primogénito. El antiguo Kabbalista Rav Isaac Luria explica que cuando nace un primogénito varón de forma natural en este mundo, el Ángel de la Muerte se adhiere al niño. Sin embargo, la Redención del Primogénito suministra la tecnología para expulsar del niño al Ángel de la Muerte y transferirlo al *Kohén*, que es un descendiente de los Sumos Sacerdotes. Lo que hace el *Kohén* es "apropiarse" del bebé y traspasarle la energía de vida que lo separará del Ángel de la Muerte. Este procedimiento continúa con la recompra del bebé al *Kohén* por parte del padre, por el valor de redención de cinco monedas de plata, con lo que se termina de expulsar al Ángel de la Muerte del niño y se transfiere esa energía destructiva al *Kohén*. La estructura espiritual interior de un *Kohén* le permite soportar la infusión temporal de la energía de muerte que recibe del niño a través de ese intercambio de monedas.

Contrariamente a la creencia popular, las acciones involucradas en este procedimiento no son simbólicas. Tampoco son meras tradiciones ni actos conmemorativos. Lejos de ello, la Redención del Primogénito es una tecnología antigua para eliminar la influencia del Ángel de la Muerte de la vida del niño y de todos los participantes del evento. La razón principal para asistir a esta ceremonia (además de apoyar a la familia o amigos) es expulsar de uno mismo la fuerza de la muerte.

El saber es la conexión. Al esperar y exigir nada menos que la expulsión de la fuerza de la muerte, activamos el mecanismo que nos permite recibir este poder profundo. Participar de esta ceremonia equivale a ochenta y cuatro días consecutivos de ayuno. Si la Redención del Primogénito se realiza meramente por tradición, el Ángel de la Muerte permanece intacto, libre de ejercer su influencia oscura sobre el niño y sus hermanos a lo largo de sus vidas.

La asignación del nombre a la niña

A los varones se les asigna el nombre durante la Alianza de Circuncisión; pero cuando nace una niña, el nombre le es asignado en su segundo *Shabat*. Esto le permite experimentar un *Shabat* completo sin nombre, de modo que su alma tenga tiempo de infundirse completamente en su cuerpo antes de ser nombrada.

El propósito y el poder secreto de un nombre se encuentran en la palabra hebrea *Neshamá*, que significa "alma". En la raíz o el centro de esta palabra encontramos otro vocablo hebreo: *Shem*, que quiere decir "nombre". Un Kabbalista nunca dará a su hijo el nombre de un pariente muerto porque el bagaje emocional, espiritual y físico de esa persona se transferiría automáticamente al niño a través del nombre, dado que todo nombre de una persona contiene el ADN metafísico de su alma. La asignación del nombre instila en quien lo recibe, sea niño o niña, ciertas características que luego influyen tanto en su crecimiento espiritual y físico como en su desarrollo a lo largo de la vida. Por ello la *asignación de un nombre* a un bebé es un evento tan importante.

De acuerdo con los sabios, siempre es mejor elegir el nombre de un hijo entre aquellos que designan a los grandes gigantes de la Torá, aquellos que fueron conductos para la revelación de la Luz en este mundo. Esto no se realiza con el objeto de seguir la tradición ni de honrar a los muertos; existe un motivo más real: las letras del alfabeto que componen cada nombre de la Torá poseen cualidades específicas que influirán y configurarán la personalidad del niño que reciba el nombre. Dado que los rasgos especiales de carácter de los grandes líderes espirituales están contenidos en sus nombres, se da estos nombres a los hijos para ayudarlos a lograr su propia transformación espiritual. La asignación del nombre de un varón tiene lugar durante la Alianza de Circuncisión.

el camino del
kabbalista

La Niñez

El primer corte de cabello

Kabbalísticamente, el cabello es como una antena que atrae la Luz espiritual que impregna todas las dimensiones ocultas, también conocidas como la Realidad del Árbol de la Vida o el Mundo de la Luz, es decir el 99 por ciento. Dada la facultad del cabello para atraer y capturar estas fuerzas espirituales, los kabbalistas nunca cortan el cabello de un bebé durante sus tres primeros años de vida. Este lapso de tiempo se corresponde con el Sistema de Tres Columnas, por eso es necesario que transcurran íntegramente los tres años para que se establezca una estructura completa de energía. Durante este periodo, el cabello atrae suficiente poder espiritual para que el cuerpo y el alma del niño se completen y se llenen de energía divina.

La estructura que está en pleno desarrollo en el niño durante este período se conoce como Vasija Espiritual o Deseo. La Vasija es la capacidad que tiene una persona de contener la Luz que le proporcionará felicidad a lo largo de su vida. *Cuanto mayor es el deseo de una persona por la Luz, mayor es la cantidad de Luz que se le revela.* Por este motivo, los padres deberían resistirse a decir *no* a su hijo en sus primeros tres años de vida. Si el niño se comporta mal, en lugar de decirle "no" es mejor reorientar su atención. Porque cuanto más libre de desear algo se sienta un niño durante sus tres primeros años, más fuerte será la Vasija que construirá. A la edad de tres años, el cabello del niño debe cortarse para completar así la infusión de energía.

Este primer corte de cabello infunde al niño el poder de la *resistencia*. La resistencia es la clave para ejercer el libre albedrío y lograr la felicidad: es una herramienta conductual que utilizamos a lo largo de nuestra vida a fin de conectarnos con la Luz. Porque cuando nos resistimos a los impulsos del ego y a nuestra tendencia

el camino
del
kabbalista

a reaccionar ante las circunstancias sin consideración previa, nos conectamos con la Luz. Aunque la *resistencia* es un concepto simple, es muy difícil ponerlo en práctica. La naturaleza humana está gobernada por la reactividad, el deseo egoísta y el ego. Superarlos es nuestro trabajo de toda la vida.

El primer corte de cabello se realiza usualmente en presencia de amigos y parientes. Esto permite a todos los participantes compartir la misma energía y poder que está recibiendo el niño. Ahora, correctamente imbuido del poder de la resistencia, el niño crecerá con la capacidad de resistirse al ego, el egocentrismo, la reactividad y todos los deseos negativos, y podrá conectarse más fácilmente con el Mundo de la Luz.

Padres e hijos

Los hijos eligen a sus padres antes de la concepción. Cuando un alma está en el Mundo Superior, escoge aquellos padres que podrán proporcionarle el ADN espiritual y físico que necesita para alcanzar la transformación personal por la cual viene a esta vida. Tanto el niño como sus padres crean recíprocamente oportunidades para crecer, evolucionar y transformarse. Estas oportunidades son especialmente evidentes durante los conflictos entre padres e hijos.

Los conflictos ocurren por una razón: hay una lección para que *ambas* partes aprendan. Cada uno de nosotros llega a este mundo con un conjunto específico de rasgos reactivos y egoístas en nuestro carácter, que yacen en lo más profundo de nosotros y se manifiestan en la superficie. Nuestras relaciones con los demás cumplen un propósito: provocar nuestras reacciones para revelar así los rasgos implantados en nuestra naturaleza que vinimos a resolver a esta vida. Cuando hijos y padres se enojan mutuamente, ambos se encuentran frente a una oportunidad de identificar sus propios rasgos y tendencias negativas. Así, cuando ignoramos nuestros rasgos negativos y no prestamos atención a los conflictos que surgen inevitablemente en la familia, nos desconectamos del Mundo de la Luz y nuestra vida personal se vuelve un poco más oscura. Por el contrario, cada vez que identificamos un rasgo negativo propio, nos responsabilizamos de él y hacemos el esfuerzo necesario para transformarlo, nos conectamos con el Mundo de la Luz y nuestra vida se vuelve mejor. Naturalmente, es tentador culpar a nuestros padres o hijos por nuestro caos. Sin embargo, culpar a otros nos mueve en la dirección incorrecta. Llegar a hacernos responsables de *todo* lo que nos ocurre es la esencia de la verdadera transformación.

Esto explica por qué es tan importante que los padres identifiquen las correcciones y transformaciones espirituales que sus hijos deben experimentar en la vida y que les den las herramientas espirituales necesarias para lograrlo. Suministrar estas herramientas espirituales es el motivo por el cual la Kabbalah se ha revelado a la humanidad. Cuando nuestros hijos alcanzan el éxito espiritual, también logran el éxito en el mundo físico, pues pueden disfrutar de sentirse plenos, felices, y dignos e independientes. Pero si nuestros hijos fracasan espiritualmente, aunque pueda parecer que hayan alcanzado el éxito "materialmente", no podrán sentirse realizados. Al depender de factores externos para lograr su propia felicidad, habrán renunciado a ejercer el control sobre su propia vida.

A medida que ambos padres reconocen que son responsables de todos los conflictos que tienen con sus hijos, queda claro que deben establecer las reglas del hogar, poniéndose siempre de acuerdo entre ellos en lo que se refiere a la disciplina. Porque en un esfuerzo por conseguir que se haga a su manera, los niños tratarán instintivamente de usar a su favor las diferencias entre los padres. "Divide y triunfarás" es una táctica que los hijos han usado desde el origen de los tiempos. Los padres deberían hacer todo lo posible por mantenerse unidos (aun cuando no estén de acuerdo) cada vez que tratan con sus hijos. Las diferencias entre los padres pueden resolverse después, en privado. En el contexto de la formación de un hijo, la consistencia y el amor son mucho más importantes que lo correcto e incorrecto.

Cuando los hijos ven que entre sus padres hay un amor y una unidad inquebrantables, eso instila en su interior una conciencia más elevada y un sentido profundo de la plenitud. El camino a la felicidad no se basa en ganar más discusiones en el hogar; se basa en la pureza de ser y la cantidad de amor incondicional que se comparte con otro ser humano. Cuando los padres sirven como modelo de amor incondicional y de unidad, cuando realmente predican con el ejemplo, sus hijos desarrollan el mismo tipo de comportamiento.

La familia

Todos y cada uno de nosotros venimos a este mundo con un conjunto específico de metas espirituales que debemos alcanzar en el curso de nuestra vida. Estos cambios tienen lugar dentro del individuo, pero no están limitados a él. Como se mencionó previamente, nuestros hijos no sólo heredan nuestro ADN; también heredan una porción de nuestra conciencia. De hecho, el ADN, las moléculas y los átomos no son otra cosa que niveles diferentes de conciencia. Por lo tanto, cada vez que un padre cambia, también se producen cambios en sus hijos.

De la misma manera, cuando un hijo descubre y acepta la espiritualidad, comenzando a la edad de doce o trece años, cualquier transformación que sufra también repercutirá en sus padres. Existe un cordón umbilical espiritual que liga por siempre a padres, hijos y hermanos. Cuando uno de los botes se eleva, todos experimentan algo de esa nueva elevación; cuando un miembro cae, toda la familia se hunde un poco. El propósito de una familia es crear la oportunidad de establecer interacciones constantes que nos permitan descubrir aquellos aspectos internos en los que el deseo egocéntrico gobierna nuestro comportamiento. Nuestros familiares tienen ese molesto talento para provocar reacciones en nosotros, *dándonos así la oportunidad de no reaccionar.*

Cada vez que renunciamos a un deseo egoísta y elegimos un comportamiento desinteresado —cada vez que *elegimos* nuestra respuesta en lugar de reaccionar— hacemos un cambio en nuestra vida. Y con cada cambio, recibimos un poco más de Luz. Como hemos visto, nuestros esfuerzos benefician también a nuestros familiares, dándoles fortaleza adicional para identificar y transformar cada uno su propio egoísmo. Y a medida que una familia experimenta el poder de la transformación espiritual y se conecta con el Mundo de la Luz, esos beneficios se extienden a los amigos, los vecinos y su comunidad. Cuando todo el mundo logre alejarse de los dictados del ego y acercarse al desinterés, el planeta entero se transformará en un paraíso. Éste es el propósito de la vida, y las herramientas ofrecidas por la Kabbalah pueden ayudarnos a cumplirlo.

Bar Mitzva/Bat Mitzva

Niño	Activo	Nefesh	Desde el nacimiento hasta la edad de trece: se despierta y desarrolla el puro Deseo de Recibir. Conciencia del cuerpo.
Adolescente	Reactivo	Rúaj	Entre los trece y los veinte años de edad: despertar de una conciencia de compartir, volviéndose reactivo. Se activa el espíritu de rebelión, juntamente con el deseo de ganar y lograr.
Adulto	Proactivo	Neshamá	A partir de los veinte años de edad: alcanza el nivel de individuo "independiente" y la capacidad para la paternidad junto al verdadero sentido de compartir. Conciencia del alma.

Desde la perspectiva Kabbalística, el viaje de la vida es simple. Nacemos siendo *activos* dentro de este mundo. Todas nuestras acciones y comportamientos están diseñados para activar los deseos latentes del cuerpo a medida que nos aclimatamos al mundo que nos rodea. Según vamos creciendo, nos volvemos *reactivos*. Nuestros deseos son ahora fuertes y reaccionamos a cada uno de sus impulsos y urgencias. Nos volvemos esencialmente automáticos en nuestra respuesta a los deseos reactivos que arden dentro de nosotros. Finalmente, nos damos cuenta de que la forma de alcanzar nuestros objetivos espirituales en la vida es transformándonos de adultos reactivos en sujetos *proactivos*. Al ser proactivos, nos convertimos en la causa de nuestro propio comportamiento y asumimos el control de nuestra propia conciencia. En vez de ser dirigidos por nuestros deseos, los dominamos. Esta forma de ser nos conecta con la Realidad del 99 por ciento, mientras que el comportamiento reactivo nos desconecta de dicho reino. Estos tres tipos de conciencia que estamos explorando —activa, reactiva, proactiva— se activan en nosotros en varios niveles del alma.

Cuando un niño llega a este mundo, el aspecto del alma conocido como *Nefesh* —Espíritu Crudo— se activa en él. Este aspecto, gobernado por una conciencia de puro recibir, motiva al niño desde que nace hasta que alcanza los trece años en el caso de los niños y doce años en el de las niñas. Es la etapa descrita anteriormente durante la cual la conciencia del niño se considera *activa*.

La adolescencia comienza a los trece años, cuando se enciende el aspecto del alma llamado *Rúaj*. A esta edad sentimos el impulso de ganar y lograr, pero basado en impulsos reactivos. Comenzamos a entender el concepto de compartir, pero cuando nos resulta doloroso o incómodo no tenemos aún el poder de compartir verdaderamente. Se enciende en nuestro interior el deseo de rebelión o revuelta, pero principalmente motivado por el interés propio. Sólo en la etapa siguiente nos damos cuenta de que la única rebelión que merece ser vivida es aquella que podemos dirigir contra nuestro enemigo interno: el interés propio.

A partir de los veinte años comenzamos a dirigir nuestra conciencia hacia la autotransformación, pues es a partir de esta edad cuando advertimos que la única forma de lograr la plenitud —que es nuestro destino— es mediante nuestro propio esfuerzo. Esta conciencia se canaliza a través del aspecto del alma llamado *Neshamá*, el nivel más elevado y puro del alma.

Sin duda, el *Bar/Batmitzva* es la forma de conexión espiritual que menos se entiende en la actualidad. Hoy la mayoría de la gente considera el *Bar/Batmitzva* como una simple fiesta o celebración por la llegada del niño a la adultez. Sin embargo, desde la perspectiva kabbalística el *Bar/Batmitzva* es una herramienta para

el camino del kabbalista

el despertar del *libre albedrío* y la responsabilidad personal. Según la Kabbalah, hasta la edad de doce para las niñas y de trece para los varones, los niños no tienen libre albedrío; están desarrollando aún esos aspectos propios que se basan en el deseo centrado en uno mismo y una naturaleza reactiva. Esto genera un carácter egocéntrico que puede transformarse y superarse durante la vida adulta. Una vez que tenemos una naturaleza egoísta totalmente formada, podemos ejercer nuestro libre albedrío resistiéndonos a ella, ganándonos de este modo una conexión con el Mundo de la Luz. En otras palabras, en vez de limitarnos a recibir el paraíso servido en bandeja como un donativo de caridad o como una carta blanca, nuestra naturaleza egoísta nos da la oportunidad de ser merecedores de la infinita felicidad que es nuestro destino final.

Antes del *Bar/Batmitzva*, no se responsabiliza al niño por sus elecciones; esta responsabilidad recae en sus padres. Después del *Bar/Batmitzva*, el individuo obtiene el poder del libre albedrío y, en consecuencia, se vuelve responsable de cualquier decisión que tome. Entonces se despierta un aspecto más elevado del alma humana. (Dicho sea de paso, en la Kabbalah los términos *conciencia* y *alma* son casi intercambiables, puesto que el alma está hecha de conciencia). Por lo tanto, a través del *Bar/Batmitzva* el niño recibe una infusión adicional de conciencia o alma que le proporciona la capacidad intelectual y espiritual de reconocer sus propios impulsos reactivos, así como el poder de resistirse a ellos.

El estado de conciencia o alma del niño anterior al *Bar/Batmitzva* se conoce en hebreo como *Nefesh*. El estado de conciencia o alma que se activa a la edad de doce o trece años se denomina *Rúaj*. Las letras iniciales de estas dos palabras, Nun y Reish, forman juntas la palabra hebrea *ner*, que significa "vela". La mera presencia de una vela encendida tiene el poder de disminuir la oscuridad en una habitación. Cuando un niño experimenta su

Bar/Batmitzva, recibe la capacidad de erradicar la oscuridad en su vida. En cambio, si no hace uso de este poder, acabará inyectando más oscuridad en su vida.

Si los adolescentes no entienden la verdadera naturaleza de la realidad y cómo funcionan estas herramientas espirituales, lógicamente alimentarán su deseo egoísta. Esta es la causa de la depresión y de los cambios de humor que sufren la mayoría de los adolescentes. Se desconectan del Mundo de la Luz y se vuelcan a las drogas, el alcohol, el sexo y otras actividades que, si bien les dan el sabor de la Luz, tarde o temprano causan su desconexión.

el camino del kabbalista

La Adultez

Las energías masculina y femenina

El alma masculina y el alma femenina se corresponden con la Luz y la Vasija originales que existieron antes de la creación del universo físico. Cuando la Luz del Creador dio origen a la Vasija, la única naturaleza de ésta era *recibir*. Esta fuerza de recibir es similar al polo negativo (-) de una batería. La función y naturaleza de la Vasija era recibir la Luz de la Felicidad que emanaba del Creador. Sin embargo, así como nosotros heredamos rasgos de nuestros padres, la Vasija también heredó un aspecto de la Luz: una fuerza positiva (+) similar al polo positivo de una batería. Así pues, la energía masculina es el ADN heredado por la Vasija, el polo positivo; y la energía femenina es la naturaleza divina de recibir propia de la Vasija que fue creada por la Luz, el polo negativo. Ambas energías están contenidas dentro de la Vasija.

Cuando la Vasija se fragmentó, su aspecto masculino se separó de su aspecto complementario femenino, creando las almas individuales masculinas y femeninas. Luego éstas se fragmentaron una vez más en innumerables chispas de almas. Esto explica el origen de todas las almas masculinas y femeninas —pasadas, presentes y futuras— en la tierra. Consecuentemente, desde el punto de vista kabbalístico, un alma masculina es meramente la mitad de un alma, como lo es un alma femenina. Un alma completa contiene los dos aspectos: el masculino y el femenino. Por lo tanto, el propósito de la vida es hallar nuestra otra mitad para estar completos. Ésta es la causa subyacente de la atracción sexual entre el hombre y la mujer. Cada alma está buscando retornar al Mundo de la Luz mediante la reunión con su alma gemela.

¿Cómo encuentra uno a su alma gemela? Cuando estamos a punto de completar nuestra transformación de seres egocéntricos reactivos en individuos proactivos y desinteresados, nos ganamos el encuentro con nuestra alma gemela, y entonces aparece en nuestra vida. No existe otro camino. Toda relación que tengamos antes de este momento es meramente un paso en el trayecto hacia nuestro destino final. Ninguna relación, aunque termine en divorcio, es un error. Cada relación responde al propósito profundo de acercarnos a nuestra verdadera alma gemela, siempre y cuando, aprendiendo de nuestros errores, aprovechemos la oportunidad de transformar nuestra naturaleza. Si no aprendemos de nuestros errores, cada relación que mantengamos será una mera repetición de las lecciones que se nos presentaron antes; solo serán diferentes los nombres y las caras.

Igual que una bombilla de luz sólo brilla porque el filamento actúa como conducto entre los polos positivo y negativo, el matrimonio es una tecnología, un procedimiento metafísico para vincular dos mitades de un alma. Como ya hemos mencionado, el hombre se corresponde con el polo positivo y la mujer con el polo negativo; así pues, el contrato matrimonial (conocido en el lenguaje kabbalístico como *Ketubá*) es el filamento que une ambos polos. La *Ketubá* crea un circuito de energía por el cual la Luz espiritual brilla en el matrimonio. Si transitamos *el camino del kabbalista* y, en lugar de culpar a los demás, dirigimos la mirada a nuestro interior, podremos construir una relación *virtual* de almas gemelas con nuestro compañero actual, alcanzando de esta forma una felicidad y satisfacción profundas.

Parte de la conexión marital kabbalística consiste en lo que los kabbalistas llaman las *Condiciones anteriores a la Creación*. Éstas se establecen antes de la ceremonia, bajo el baldaquín donde se realiza la boda. El propósito de las *Condiciones* es dar a los novios acceso a las leyes que existieron antes de la creación del Universo, cuando la unidad y la perfección eran aspectos esenciales de la realidad, en contraposición a la división y el caos característicos de la vida actual.

Los diversos procedimientos que se llevan a cabo durante el acto de las *Condiciones* sirven para conectar a las dos almas tal como existían cuando todo era Luz. Los padres de la novia y del novio rompen juntos un plato, representando la destrucción del *Deseo de Recibir* en la pareja que se casa. Esta acción también separa al hombre y a la mujer de su ADN físico (encarnado por sus padres) de forma que el ADN y la conciencia de su alma puedan ser activados bajo el baldaquín. Éstas y otras herramientas forman parte de la tecnología metafísica y espiritual que opera en el nivel de la realidad del alma.

Para que un matrimonio funcione verdaderamente, ambas partes deben dedicar una porción de sus vidas al compromiso de compartir la sabiduría espiritual y a hacer voluntariado para mejorar la vida de otras personas. Ambos deben tener el deseo de terminar con el dolor, el sufrimiento y la oscuridad que afligen a la humanidad. Lamentablemente, el 99 por ciento de los matrimonios se basan en un deseo egoísta, pues tanto el hombre como la mujer se preocupan sólo por su propia felicidad.

No hay nada malo en querer ser feliz. El problema es que no sabemos cómo alcanzar una felicidad duradera. El kabbalista comprende que la vida se basa en paradojas. Por ejemplo, si buscamos la felicidad sólo para nosotros mismos, en su lugar recibimos caos. En cambio, cuando nos esforzamos para hacer felices a los demás, *nosotros mismos* recibimos felicidad. Cuanto más compartimos con otros, más Luz del Creador se comparte con nosotros. Éste es el secreto de la felicidad. Ahora ya lo sabes.

El primer lugar para comenzar a compartir es tu pareja. Pero aquí existe un problema común. Cuando le preguntas a alguien por qué ama a otra persona, suele responderte lo bien que le hace sentir esa otra persona, cómo satisface sus necesidades individuales. Pero para la Kabbalah esto *no* es amor verdadero. ¡Es precisamente al revés! Porque en este caso la persona se refiere a todo lo que está recibiendo, *no* a lo que está *compartiendo*. Amor significa dar de ti mismo y *compartir* sin pensar en qué estás recibiendo. No se trata de lo que te hace sentir la otra persona, sino de cómo la haces sentir tú a ella.

La gran mayoría de los matrimonios, relaciones y asociaciones en general están basadas en la necesidad, no en el amor, lo cual explica por qué son tan caóticas.

La clave de un matrimonio satisfactorio y apasionado es compartir incondicionalmente, y esto implica *resistirse* a toda forma de recibir. La resistencia al deseo funciona igual que la resistencia de un circuito eléctrico. Cuando el filamento de una bombilla opone resistencia al flujo de electrones, hace que el filamento brille. Del mismo modo, cuando nos *resistimos* a recibir y optamos por compartir, nuestro acto de resistencia hace que la Luz fluya, iluminando tanto a nuestra pareja como a *nosotros mismos*. Así es como funciona la paradoja; así es como una pareja se convierte en un faro de Luz para los demás.

El Shabat del Novio (*Shabat Jatán*)

El primer Shabat inmediatamente posterior a la boda ofrece a los novios una oportunidad poderosa. La Vasija de la pareja se construye en los primeros siete días de matrimonio. El primer Shabat después de la boda infunde en la Vasija de la pareja toda la energía espiritual, la Luz y las bendiciones potenciales que juntos podrán recibir a lo largo de su vida, como si fuera una semilla. Igual que la semilla de una manzana contiene la totalidad del árbol que crecerá en el futuro, la Luz que recibe durante su primer Shabat la pareja recién casada es la semilla que contiene toda la Luz necesaria para construir juntos una vida amorosa, plena y transformadora. En otras palabras, la totalidad del *árbol* que será la vida matrimonial de la pareja se les otorga en este Shabat.

Sin embargo, hay dos clases de árboles: el *Árbol de la Vida*, nombre en código de la perfección que existió antes de la Creación, y el *Árbol del Bien y del Mal*, que se expresa a través de nuestro Universo de caos y orden. Si transitamos *el camino del kabbalista* y nos transformamos espiritualmente, nuestra vida se convierte en un *Árbol de la Vida*, en una existencia perfeccionada que nos abastece infinitamente de frutos. Pero si transitamos el sendero del mundo material, gobernado por el ego, nuestra vida se convierte en un *Árbol del Bien y del Mal*.

Cada pareja recibe una semilla, el ADN para crear una existencia perfecta del *Árbol de la Vida*. Cuando la cantidad de gente que alcance esta existencia perfeccionada sea suficiente, se logrará una masa crítica y todo el mundo se transformará en la *Realidad del Árbol de la Vida*, también conocido como el Mundo de la Luz.

Este primer Shabat de la boda se conoce como el Shabat del Novio. En esta instancia específica, la palabra *novio* (*Jatán* en hebreo) no se refiere al marido; se refiere a una cierta clase de energía espiritual. La Kabbalah enseña que existen dos clases de Luz o energía espiritual: la Luz Interior y la Luz Circundante. La Luz Interior se refiere a la sabiduría y las bendiciones que hemos heredado, así como las que ya nos hemos ganado. La Luz Circundante es la sabiduría espiritual en potencia y la Luz que aún no hemos alcanzado. A medida que compartimos con otros, la Luz Circundante entra en nosotros y se transforma en Luz Interior, brindándonos un mayor entendimiento y una felicidad y alegría crecientes.

La mujer se cubre el cabello

Como ya hemos observado, el cabello canaliza la Luz. El cabello puede compararse con un cable de cobre que trasmite la corriente eléctrica. Un buen electricista nunca deja los cables expuestos; éstos deben estar aislados a fin de conducir con seguridad la energía eléctrica hacia el destino deseado. La Luz espiritual funciona del mismo modo. El cabello de la mujer es el canal que conduce la energía bruta: Luz divina en estado puro. Cubrirse el cabello con un sombrero, un pañuelo o una peluca es semejante a cubrir el cable con material aislante. Cuando una mujer se cubre la cabeza, se asegura de que solamente su esposo pueda acceder a la Luz que su cabello conduce, permitiendo así que ésta manifieste bendiciones, sustento y sabiduría para toda la familia.

La mujer soltera no necesita cubrirse el cabello puesto que ella es, por el momento, sólo la mitad de un alma. Una vez casada, su alma se vuelve completa; entonces se genera un circuito de energía espiritual que transforma el cabello de la mujer en el equivalente espiritual de un cable con corriente.

Sexo

La unión sexual entre marido y mujer es una herramienta espiritual profunda que puede transformar no sólo las vidas de los participantes, sino también el mundo entero. Ya hemos tratado la sexualidad en el capítulo sobre "Embarazo"; lo que sigue son algunas observaciones adicionales que favorecerán un flujo constante de pasión, de excitación y de lo sagrado en tu vida sexual.

Un microcosmos de la Creación

En el momento del orgasmo, un hombre y una mujer están exactamente en la misma relación que la Luz y la Vasija en la Creación original. El sexo, cuando está imbuido de la conciencia correcta, encarna el objetivo final de la Creación: la unión entre la Luz del Creador y las almas de la humanidad. La conciencia correcta es la de compartir plena y mutuamente: el hombre comparte con el propósito de impartir placer a su compañera y la mujer recibe con el propósito de compartir con su compañero.

La importancia de besarse, tocarse y el juego preliminar

Según la Kabbalah, el juego preliminar es un aspecto vital del acto sexual. Así lo afirma el *Zóhar* en la sección de *Pekudei*, 51:652:

> *"No existen besos de alegría y amor excepto cuando ellos se quedan unidos, boca con boca, espíritu con espíritu, y se saturan uno a otro de placer y éxtasis".*

Durante el juego preliminar, un hombre debe dedicar toda su energía a excitar a su compañera hasta el grado más alto posible. ¿Por qué? Esto nos conduce a un principio kabbalístico clave:

La Luz del Creador no puede manifestarse ni expresarse sin un Receptor.

Cuando una mujer está excitada, su deseo sexual se intensifica y ella se convierte en una auténtica Vasija, un recipiente para la energía del Mundo de la Luz. Cuanto mayor es el deseo de la mujer, mayor es el espacio que llenará la Luz en ella. Este concepto es importantísimo. La Kabbalah enseña que cuando un hombre y una mujer se unen en un acto sexual apasionado, nuestro mundo físico y el Mundo de la Luz *reflejan dicha unión*. Esto no es una metáfora ni una analogía; es un hecho.

La excitación sexual de una mujer excita toda la existencia física y expande su capacidad de atraer la Luz divina hacia nuestro Mundo de Oscuridad. Por esta razón, cuanto más seduce, excita y atrae un hombre a una mujer —tanto antes como durante la relación sexual—, más Luz recibe la pareja y también nuestro mundo oscuro y caótico. Así lo expresó el gran Kabbalista medieval Moshé ben Najmán: *"Es conveniente ganar el corazón de la mujer con palabras de encanto y seducción y otras cosas apropiadas".*

La abstinencia durante el ciclo menstrual (*Nidá*)

Cuando una pareja hace el amor con la intención de tener un hijo y el esperma fertiliza el óvulo, el ciclo menstrual se interrumpe y la mujer se conecta con la energía de la Luz; porque ahora tenemos que:

- el hombre comparte con la mujer
- la mujer comparte con el hombre
- el esperma comparte con el óvulo
- la madre comparte con el hijo.

El útero se prepara cada mes para producir vida; pero si no ocurre así, no hay potencial para este ciclo de compartir. No hay un alma para albergar la Luz de la creación y la vida humana. Asimismo, existe una correspondencia entre la eliminación de la sangre menstrual y la ya mencionada fragmentación de la Vasija Cósmica en chispas de almas. De manera que resistirse a tener sexo durante este periodo evita que nos conectemos con la energía de la separación y mantiene la Luz encendida.

El cuerpo de la mujer toma literalmente una minúscula porción de "energía de la muerte" cuando elimina la sangre menstrual y la posibilidad de una nueva vida se pierde. Durante los días siguientes, el cuerpo y el alma de la mujer se restauran, y el cuerpo se prepara para una nueva oportunidad de producir vida. Considera este proceso como cinco días de limpieza de la casa seguidos de siete días de reconstrucción de una nueva Vasija.

La Kabbalah sugiere abstenerse de tener relaciones sexuales desde el primer signo de pérdida de sangre hasta siete días después de que la mujer haya dejado de sangrar: usualmente un lapso de doce días en total. Aquellos que encuentren desalentadora la perspectiva de estar doce días sin tener un orgasmo, consideren esto: los pingüinos alcanzan el orgasmo una vez al año. ¡Siéntete feliz de ser humano!

Los siete días de abstinencia posteriores a la menstruación femenina se corresponden con las siete dimensiones o *Sefirot*, ocultas a nuestra vista, desde las cuales fluye la Luz hacia el alma de la mujer. Durante este periodo de siete días, el alma de la mujer se reconstruye y ella vuelve a nacer de nuevo. Consecuentemente, la relación entre el esposo y la esposa también renace. Tras este periodo de abstinencia, el sexo puede hacerte recordar la sensación de aquella primera vez. ¡Las pasiones se elevan!

Después del periodo de abstinencia, la noche en que se hará el amor, la mujer se preparará bañándose durante treinta minutos y luego sumergiéndose en la *mikvé* trece veces. Esta preparación sirve literalmente para transformar a la mujer en una nueva novia para su esposo. La inmersión en la *mikvé* concluye la fase menstrual y prepara el alma de la mujer para ser, una vez más, una Vasija poderosa para la Luz del Creador.

La enfermedad

Hemos hablado de cómo los niños llegan al mundo, cómo nacen y crecen y cómo las parejas pueden unirse para crear más hijos y traer más Luz a este mundo mediante su relación. Pasemos ahora a otra responsabilidad de la adultez: la necesidad de hacer frente a la enfermedad.

Afortunadamente, la Kabbalah nos brinda poderosas herramientas de curación, tales como las contenidas en la sección del *Zóhar* titulada *Pinjás*, donde se revela que la causa subyacente y el verdadero origen de toda enfermedad es la conciencia humana. Asombrosamente, estos antiguos secretos curativos resultan ser *idénticos* a los conocimientos más recientes surgidos de la ciencia médica.

Para develar estos secretos extraordinarios, nos remitimos al *Zóhar*.

Los secretos del *Zóhar*

Antes de abrir el antiguo *Zóhar* y revelar su sabiduría acerca de la salud y la enfermedad, primero debemos entender que el término "enfermedad" incluye el sufrimiento que puede provocar un contratiempo en el trabajo, una relación en crisis y ciertas emociones debilitantes como la ansiedad y la depresión. En otras palabras, de acuerdo con el *Zóhar*, arreglar nuestros infortunios financieros, maritales y mentales se considera parte del proceso de curación espiritual. Es simplemente nuestro karma personal el que determina si la "enfermedad" ataca el cuerpo, el trabajo, el dormitorio o el cerebro.

¿Sabías que hasta hace muy poco tiempo la ciencia médica no tenía ni idea de que los niveles de colesterol estaban relacionados con la enfermedad cardiaca? Recién en la década de los setenta los científicos dedujeron que el colesterol —la grasa en la sangre— y la obstrucción de nuestras arterias estaban relacionados con la enfermedad cardiaca; hasta la década de los ochenta los científicos no descubrieron que había dos tipos de colesterol. En 1984, el *National Institute of Health* (NIH) publicó un informe titulado "Lowering Blood Cholesterol to Prevent Heart Disease" (Reducción del colesterol en sangre para prevenir enfermedades cardiacas) que sostenía que el colesterol LDL, conocido como colesterol "malo", tiende a obstruir los vasos sanguíneos, y el HDL, conocido como colesterol "bueno", tiende a desprender el colesterol malo de las paredes de los vasos sanguíneos.

Según este informe del NIH:

"Las partículas de LDL, cuando su presencia en sangre es excesiva, se depositan en los tejidos y engrosan la acumulación que en la pared de la arteria forma la placa aterosclerótica. La aterosclerosis estrecha los canales de las arterias coronarias, los vasos que suministran la mayor provisión de sangre al músculo cardiaco".

En otras palabras, un exceso de colesterol malo obstruye nuestras arterias reduciendo el flujo de sangre, lo cual a su vez causa ataques cardiacos y ciertas clases de apoplejía.

Más tarde, en los años noventa, los científicos llegaron a la conclusión de que existen dos clases de grasas: buenas y malas.

Las grasas buenas se llaman ácidos grasos omega-3. Así, la ciencia afirma que las grasas buenas y el colesterol bueno pueden reducir el riesgo de enfermedad cardiaca, mientras que las grasas malas y el colesterol malo pueden obstruir nuestras arterias y producir enfermedad cardiaca.

Hace dos mil años, el antiguo *Zóhar*, al comentar la sección de la Torá conocida como Pinjás, decía exactamente lo mismo:

> *"... en el cuerpo hay partes grasas puras e impuras, sangre limpia sin materia residual y sangre contaminada con materia residual".*
>
> (El *Zóhar* Vol.20, 40:220)

Según el *Zóhar*, la enfermedad cardiaca, el daño cerebral y la muerte ocurrirán si nuestros cuerpos contienen niveles altos de "grasas impuras".

El *Zóhar* continúa con otra notable consideración:

> *"Del hígado y el apéndice emerge la bilis, que es la espada del Ángel de la Muerte, de la cual emanan gotas amargas que matan a los seres humanos".*
>
> (El *Zóhar* Vol. 20, 60:364)

El *Zóhar* dice que nuestras emociones negativas, especialmente el enojo, la ira y todos los impulsos reactivos, se manifiestan en nuestro hígado. Y la ciencia médica ha descubierto que el hígado secreta la bilis, de la cual el componente primario es el colesterol. Por lo tanto, un exceso de bilis (cólera o amargura) puede crear enfermedades.

El *Zóhar* dice que nuestro comportamiento —amargo o amable— determina si nuestro hígado "ofrece al corazón" grasas puras o grasas impuras.

El *Zóhar* también ofrece otros muchos pasajes poderosos que explican la función del hígado, la disfunción cardiaca, el cáncer y otras enfermedades. ¿Cuál es entonces, según el *Zóhar*, el origen de toda enfermedad?

Nuestro comportamiento hacia los demás.

Ahí está. La causa no es nuestra dieta, ni nuestro ADN ni nuestros genes. Estos factores son simplemente las armas que la fuerza negativa utiliza para infligir juicio sobre nosotros, juicio que provocamos nosotros a través de nuestro propio ego e intolerancia. Pero, ¿quién apretó el gatillo para activar la enfermedad y permitir que esos alimentos o genes nos maten?

Nosotros lo hicimos.

Pero hay otra forma de verlo. El *Zóhar* pregunta: *¿Por qué un alma elige en primer lugar un cuerpo con una predisposición específica a la enfermedad? ¿Y por qué algunos genes que causan enfermedades se activan mientras otros permanecen inactivos?* Los kabbalistas nos dicen que nuestro ADN cambia a lo largo de nuestra vida basándose en nuestro comportamiento. Esto ayuda a explicar por qué una persona que fuma un paquete de cigarrillos por día puede acabar sufriendo un ataque al corazón pero otra persona que fuma la misma cantidad de cigarrillos vive hasta los 110 años.

Examinemos esta idea más profundamente. Imagina que un asaltante desconocido dispara a una persona en un pasaje oscuro y la mata. El informe final de la policía describe los detalles del asesinato, el calibre del arma, la cantidad de balas, la entrada de las heridas, etc. Pero esta información resulta inútil cuando el asesino ataca de nuevo y mata a otra persona. Esta vez el informe de la policía contiene aun más información: los zapatos que llevaba el asesino, el estado del tiempo a la hora del asesinato, la historia familiar de la víctima. Sin embargo, al kabbalista no le interesan las marcas, los modelos ni los números de serie. El revólver es solamente un arma. La bala es simplemente un componente de esa arma.

En su lugar, el kabbalista quiere saber otra cosa:

¿Quién apretó el gatillo?

Una vez que el policía atrapa al asesino, la causa radical de los asesinatos se ha neutralizado. Las armas no pueden matar por sí solas. ¡Todos esos informes médicos sobre la causa de tal o cual enfermedad no captan la idea en absoluto! Solo describen las diversas armas utilizadas para matarnos, sean factores de nuestra herencia genética o nuestros grasosos emparedados de pastrami.

El *Zóhar* explica también que las "obstrucciones" pueden aparecer en otras áreas de nuestra vida. Esencialmente, todas nuestras relaciones pueden llegar a obstruirse como una arteria del corazón. Por ejemplo, cuando la "arteria" del matrimonio se obstruye, el amor y la pasión no pueden fluir más entre el esposo y la esposa, y el matrimonio puede sufrir un ataque al corazón.

Nuestras relaciones laborales también son arterias por las que fluyen los acuerdos y el dinero que hacemos. Así pues, cuando estos vasos están obstruidos, la buena fortuna no puede fluir hacia nosotros. Más aun, si no somos honestos en los negocios, nuestro balance final acaso prospere, pero probablemente pagaremos por eso con el endurecimiento de las arterias y un triple bypass.

Todas las relaciones del mundo (entre los amigos, los socios de negocios, comprador y vendedor, hermano y hermana, marido y esposa, padres e hijos, una nación y otra) son arterias espirituales que pueden obstruirse cuando los seres humanos se comportan con intolerancia entre ellos. Cada vez que interactúas con alguien, no importa quién sea, estás afectando los canales de tu vida y del mundo. Si en estas relaciones tu comportamiento se halla gobernado por los impulsos reactivos y el interés propio, crearás un depósito de grasas. Y si estas obstrucciones continúan aumentando y no se controlan, el "mal-estar" se instalará. Podrá manifestarse como pobreza, guerra, divorcio, niños en drogas, familias disfuncionales, terrorismo global o un clásico ataque al corazón.

En última instancia, es nuestro comportamiento el que determina si disfrutamos de buena salud o sucumbimos a la enfermedad.

Tómate unos momentos para aquietar tu mente. Abre tu corazón. Abandona todas las dudas que tengas, sólo por un momento. Deja de lado todas tus ideas preconcebidas sobre la vida y la muerte, la curación y la medicina, así como todos los condicionamientos sociales que influyen en tu vida. Quédate quieto y en silencio.

¿Cómo nos curamos de las enfermedades? El primer paso es estar preparados para hacernos cargo y asumir la responsabilidad de nuestra propia vida. Éste es, sin duda, el paso más difícil de dar. Debemos dejar a un lado la posición de víctima y darnos cuenta de que algo que hicimos en esta vida o en una vida pasada produjo la situación en la cual nos encontramos. Una vez que realmente aceptemos esta responsabilidad —100 por ciento—, entonces y sólo entonces las herramientas de la Kabbalah harán surgir la Luz del Creador para que podamos curarnos.

Algunas de estas poderosas herramientas curativas son:

- Escuchar la Lectura de la Torá cada sábado, independientemente de cuál sea tu fe o tus antecedentes (especialmente la sección llamada *Pinjás*).
- Meditación/escaneo del *Zóhar*.
- Asistir a la conexión de la Tercera Comida en el Shabat (los kabbalistas dicen que éste es el modo más poderoso de estimular el sistema inmunológico).
- Beber Agua de Kabbalah (para nutrir las células de nuestro cuerpo, estimular el sistema inmunológico y limpiar las obstrucciones espirituales).
- Dar/hacer obras de caridad. Según el *Zóhar*, la caridad —especialmente cuando dar resulta incómodo— puede salvarnos de la muerte.

Visitar a los enfermos

Un aspecto fundamental para crecer espiritualmente y mantener abierta la conexión con el Mundo de la Luz es tomarse tiempo para visitar a los enfermos. De acuerdo con el *Zóhar*, cuando alguien visita a una persona enferma le quita una sesentava parte del malestar. Imagina qué bueno sería para un enfermo si sesenta personas dotadas espiritualmente dispusieran de tiempo para visitarlo. ¡Se curaría!

Visitar a los enfermos puede resultar aun más poderoso si, durante la visita, se medita sobre estos Nombres de Dios:

Yud, Lámed, Yud י ל י

Mientras meditamos sobre este Nombre de Dios, con nuestra mano derecha tomamos la mano derecha de la persona enferma, dándole así el poder de elevarse por encima de su desesperación. Cuando la enfermedad ataca, a menudo nos sentimos víctimas. Este Nombre de Dios nos eleva y nos saca de nuestro estado mental de desesperanza, dándonos coraje, energía, fortaleza y un sentido de responsabilidad y control sobre nuestra situación, lo cual nos permite comenzar a sanarnos a nivel de la semilla, a nivel de la conciencia.

Mem, Hei, Shin מהש

Esta secuencia consta de las mismas letras que forman el nombre de Moisés. Imparte al individuo poder sanador puro.

Yud, Yud, Yud, Yud יייי

Éste es uno de los Nombres de Dios más poderosos para sanar. Visualiza las letras sobre la cabeza del enfermo y báñalo en luz verde, seguida de luz azul y luego concluyendo con pura luz blanca.

La muerte

El objetivo de cada alma que ingresa en este mundo es hallar la felicidad suprema. Para que este desafío valga la pena y nos convirtamos en los auténticos *creadores* de nuestra felicidad, el alma usa un disfraz llamado ego. Éste no sólo oculta nuestra propia identidad a ojos de los demás, ¡sino que también esconde tu verdadero ser a tus propios ojos! Según la Kabbalah, a toda persona se le da un promedio de setenta años para eliminar el ego, vencer el egoísmo y descubrir la verdad acerca de la vida. La Kabbalah y el sendero de la espiritualidad consisten básicamente en esto. Cada vez que escuchamos a nuestro ego, cada vez que reaccionamos y nos comportamos con intolerancia, ira, miedo, egoísmo o resentimiento, una nueva cortina se coloca sobre la Luz que brilla dentro de nosotros. Cuando esas cortinas se acumulan y forman una capa suficientemente densa, la Luz acaba bloqueándose por completo y el cuerpo pierde contacto con el alma, con tu verdadero ser, lo cual produce la muerte. Entonces el alma asciende al mundo espiritual y aguarda un nuevo cuerpo para intentar, una vez más, ganar el Juego de la Vida.

La muerte también sirve como agente de limpieza; es un purificador que elimina todas las cortinas que hemos acumulado. Cuando finalmente eliminemos de una vez para siempre el ego de nuestro ser, no quedarán cortinas que disminuyan la Luz de nuestras almas, y el cuerpo y el alma vivirán por siempre. Habremos alcanzado la inmortalidad. Sólo el ego humano nos vuelve dudosos. Pero una vez que lo eliminemos, la certeza de la inmortalidad se encenderá dentro de nuestras conciencias.

Otra forma de comprender la muerte es a través del concepto de espacio. De acuerdo con la Kabbalah, el llamado Ángel de la Muerte es en realidad un *Ángel del Espacio*. La física dice que todo lo que existe está hecho de materia y energía, y dos de sus leyes (la Ley de conservación de la materia y la Ley de conservación de la energía) señalan que la materia y la energía nunca pueden destruirse. Pueden reacomodarse, con frecuencia de forma muy radical, pero no pueden eliminarse por completo. Cada trozo de materia y energía que haya existido en el universo *todavía existe*. En otras palabras, la materia y la energía son *inmortales*. La materia y la energía nunca mueren.

Tú y yo estamos hechos de materia y energía, como lo están el reino vegetal y el reino animal. Entonces, si la materia y la energía viven eternamente, ¿por qué morimos? Porque la materia y la energía que componen nuestro ser se reacomodan. La configuración de átomos y moléculas y las reacciones químicas que produce un individuo simplemente dejan de trabajar en conjunto. Se abre un espacio mortal entre los componentes del cuerpo. La Kabbalah dice que este espacio es creado por la conciencia y el comportamiento egoísta. Cuando creamos espacio entre nosotros y los demás (cuando actuamos conforme al ego), se inyecta espacio dentro de las estructuras y los procesos de nuestro cuerpo. Por eso nos morimos.

Cuando ese espacio alcanza una masa crítica, sobreviene la *muerte*. La forma específica que pueda tomar es secundaria; el ego y el espacio que éste crea son la base de cualquier causa de muerte. Una vez que la muerte se produce, la materia y la energía que constituían nuestro cuerpo circulan nuevamente en el medio ambiente a la espera de otra oportunidad para intentar, una vez más, completar la transformación del ego. Los kabbalistas enseñan que algunos de los componentes de nuestro cuerpo, por razones kármicas, buscarán otros cuerpos humanos o animales o aun materia inanimada a fin de completar el proceso de transformación.

Una cierta cantidad de "conciencia del espacio" —esto es, de conciencia de la muerte— ya existe en nuestro mundo. Al momento de nacer ya hemos empezado el largo proceso de morir. Sin embargo, cuando un número suficiente de personas haya transformado su conciencia de recibir en conciencia de compartir incondicionalmente, el espacio en nuestro mundo y en nuestros cuerpos se reducirá y desaparecerá. Y cuando ese espacio (el egoísmo y el comportamiento centrado en recibir) haya sido desterrado de nuestra conciencia, la muerte cesará de existir en el mundo. He aquí nuestro destino final.

Siete días de luto

Cuando un individuo abandona este mundo, sus parientes directos (hermanos, hijos, padres o cónyuge) permanecen en luto durante siete días. No están allí para llorar la pérdida, como popularmente se cree, sino para celebrar la vida de la persona fallecida y sus logros espirituales, y para asistir a esa alma en su elevación a una dimensión superior.

Durante los siete días de luto, que se corresponden con las siete dimensiones (*Sefirot*) inferiores, el alma del individuo va y viene desde la tumba hasta el hogar, mientras intenta romper sus vínculos con la realidad física.

El proceso de la muerte puede ser fácil o doloroso, esto dependerá del nivel espiritual logrado por el difunto. Según el *Zóhar*, si durante el curso de una vida la persona supera su ego y completa su transformación, deja este mundo mediante lo que se conoce como *El Beso*. Esta transición de la realidad física a la realidad verdadera no conlleva dolor ni ataduras, y está llena de éxtasis.

Por otro lado, si la persona ha tenido una vida autocomplaciente en extremo, el proceso de la muerte puede llegar a ser difícil, porque vivir de esa manera habrá fortalecido su ego. Un ego fuerte siempre se aferrará a la realidad física después de la muerte, lo cual hará que liberarse de esas ataduras sea mucho más complicado para el alma. Los rezos, las meditaciones y el apoyo de los que están en el proceso de luto facilitan al alma su transición de este mundo al siguiente.

En la casa de la persona difunta se recomienda cubrir todos los espejos. Porque cuando una persona muere, el alma primero no sabe que está muerta; por eso, cuando viaja a la casa desde su sepultura, si accidentalmente pasa delante de un espejo sin cubrir, podría llegar a verse y experimentar un tremendo dolor al enfrentarse con la realidad de su muerte.

Los parientes y amigos muchas veces envían comida a la familia cercana al difunto. El propósito de esta comida es ayudar al alma del difunto a elevarse, así como asistir a los allegados a eliminar cualquier influencia de "muerte" que puedan haber sentido.

Tras siete días de luto, una parte del alma (*Neshamá*) abandona la realidad física. Treinta días después, otro aspecto del alma (*Rúaj*) se eleva. Y al cabo de once meses aproximadamente, asciende la última parte del alma (*Nefesh*).

Los enlutados recitan antiguas oraciones conocidas como *Kadish* diariamente durante once meses a partir del fallecimiento, y también en cada aniversario de su muerte. Pero un gran malentendido rodea esta antigua práctica. Aunque tradicionalmente se supuso que el *Kadish* era una oración que recitaban los enlutados para soportar su dolor, por el contrario, el Kadish está concebido para ayudar al alma del propio difunto a ascender a un nivel superior de la realidad espiritual. Además, el recitado de esta plegaria elimina una porción del Ángel de la Muerte (el Ángel del Espacio) de esta realidad física y, por tanto, agiliza la llegada de la inmortalidad.

El cementerio

La energía que normalmente hay en un cementerio no es muy positiva, porque los cementerios están llenos de cuerpos sin alma. Puesto que la energía de un cuerpo sin alma es puro *Deseo de recibir* egoísta, el cual crea separación de la Luz, la energía de un cementerio se corresponde con la fuerza de la muerte.

Según los sabios kabbalistas, los niños nunca deberían asistir a un funeral en un cementerio si todavía no han tenido su *Bar/Batmitzva*, pues durante ese periodo previo son más vulnerables a la energía negativa que emana de las tumbas. Aún carecen de la capacidad de compartir a través del poder del libre albedrío, y por lo tanto no tienen la protección adicional que el acto de compartir nos ofrece a los adultos.

De la misma forma, tampoco debería visitar un cementerio una mujer embarazada o que esté cursando su ciclo menstrual. Un feto se encuentra en la misma posición que un niño antes de su *Bar/Batmitzvah*, y una mujer durante su periodo menstrual es más vulnerable a la negatividad.

Asimismo, un hombre jamás debería mirar a los ojos a una mujer cuando están en un cementerio. Las mujeres, espiritualmente hablando, son más fuertes y puras que los hombres, por lo que son capaces de soportar una mayor exposición a la energía negativa. Los hombres, al encontrarse en este plano en un nivel menor de fortaleza, son más vulnerables espiritualmente y, por tanto, no deberían tener contacto visual con una mujer hasta después de haber abandonado el cementerio, ya que la energía negativa se transmite a través de los ojos.

Lavarse las manos al salir de un cementerio

Según la Kabbalah, la energía negativa se aferra a las manos; por eso siempre que salimos de un cementerio nos lavamos las manos inmediatamente. La forma de hacerlo es verter agua tres veces sobre cada mano (comenzando con la derecha) y alternándolas, es decir, una mano por vez.

La sepultura de los kabbalistas justos

Un kabbalista o individuo justo es alguien que ha transformado completamente su *Deseo de recibir* (ego) en amor incondicional y deseo de compartir. Por lo tanto, cuando una persona verdaderamente justa elige abandonar este mundo, su cuerpo no se descompone; pues como es un canal puro para compartir, no contiene negatividad. De ahí que el lugar de la sepultura de un alma justa también sea una puerta de entrada al Mundo de la Luz o Realidad del 99 por ciento. Cualquier persona puede visitar la sepultura de un alma justa para acceder a su energía y conectarse con las dimensiones ocultas de la Luz que están más allá de la realidad física.

La vela del aniversario de muerte

A menudo las acciones más simples contienen los efectos más poderosos. Cuando alguien fallece, los que le guardan luto encienden una vela de aniversario en nombre del individuo. La vela, según la Kabbalah, es literalmente la manifestación física de un alma. La vela que se enciende cada año en la fecha del fallecimiento del individuo nos conecta directamente con su alma. Hay muchos niveles espirituales en el siguiente mundo, y cada uno ofrece un nivel mayor de alegría y plenitud; de esta forma, la vela ayuda al alma a continuar ascendiendo a través de dichos niveles. Estas velas también se encienden en diferentes momentos del año cuando el cosmos se abre y aparece una ventana hacia la realidad espiritual, por ejemplo en festividades tales como *Yom Kipur*, *Pésaj*, *Shavuot* y *Simjat Torá*.

Otro aspecto importante que los sabios enseñan es que, como la luz de la vela se conecta con el alma, nunca debemos soplarla; por lo

el camino del
kabbalista

tanto, si resulta absolutamente necesario extinguir su llama, se utiliza otro método.

parte dos
un día en la vida

La semántica del rezo: Dios es el sustantivo, la humanidad es el verbo

Dios no responde a nuestros rezos; Él es la respuesta a nuestros rezos. Desde la perspectiva kabbalística, Dios es más un sustantivo que un verbo. Si respondiera a nuestros rezos, Dios sería un verbo, tomaría acción, se involucraría. Pero no es así; en realidad, *nosotros* somos el verbo: necesitamos entrar en acción para conectarnos con Dios y atraer la Luz del Creador a nuestras vidas.

Durante dos mil años hemos entendido esto al revés, he aquí la causa de que nuestras oraciones hayan permanecido sin respuesta durante tanto tiempo. Seguimos esperando respuestas de Dios, pero Dios no puede responder. Dios simplemente es.

Entonces, ¿cómo nos conectamos con Dios?

Mediante la transformación. Cada vez que nos resistimos a los impulsos del ego —a nuestra naturaleza egocéntrica que desea reaccionar, gritar, engañar, preocuparse, reprochar y abusar— nuestras almas se conectan con Dios. Sin embargo, cuando nos provocan, cuando alguien con su actitud irritante nos incita a la ira y nos enojamos, nos resulta casi imposible resistirnos a reaccionar impulsivamente. Pero a Dios se le ocurrió una idea, una forma de ayudarnos. Él nos dio la tecnología que llamamos, equivocadamente, *rezo*.

El kabbalista que reza no está ofreciendo un ruego ni haciendo una petición. Las palabras y letras que componen una plegaria vinculan literalmente nuestras almas con dimensiones espirituales ocultas, desde las cuales convocamos la ayuda espiritual que necesitamos para vencer a nuestro ego, nuestra naturaleza reactiva y todos los rasgos poco afables de nuestro carácter que nos impiden conectarnos con la Luz del Creador.

el camino del kabbalista

El rezo es una tecnología, una herramienta de transformación que nos permite dar respuesta a nuestras propias oraciones, conectándonos con la fuerza divina de Energía que se encuentra en el Mundo de la Luz.

El *Zóhar* nos dice que en caso de que en la vida de una persona haya un decreto de muerte justificado, rezar con la conciencia correcta puede anularlo. Cuando activamos (nosotros, no Dios) el poder de un rezo, nos convertimos en los co-creadores de nuestro destino y nuestra felicidad.

De nosotros depende invertir el esfuerzo para activar el poder del rezo, lo cual significa hacernos responsables de todo el caos que afrontamos. No podemos rezar pidiendo ayuda como víctimas de las circunstancias o creyendo que vivimos una fatalidad producto de una situación peligrosa o de una persona malvada. Cualquier persona malintencionada que nos haga daño lo hace como resultado de una abertura que nosotros hemos creado en algún momento del pasado, ya sea en esta vida o en una anterior.

En el momento en que aceptamos esta difícil verdad, nuestros rezos comienzan a funcionar. La tecnología del rezo nos conectará ahora con la Luz, pero será nuestro esfuerzo el que genere todo el movimiento. La siguiente parábola kabbalística ilustra esta sutil verdad.

> *Había una vez un hombre que quería complacer tanto como pudiera al Creador. Rezaba día y noche, hasta que finalmente una Voz le habló desde el mundo espiritual invisible y le dijo: "Quiero que vayas a empujar una roca".*
>
> *El hombre se levantó por la mañana lleno de entusiasmo, salió corriendo y encontró una gran roca*

en el camino que iba hacia su casa. Inmediatamente comenzó a empujarla, pero nada sucedió. Al día siguiente se levantó y volvió a empujar la piedra, pero nada ocurrió. Durante tres meses, el hombre se levantó cada mañana para empujar la piedra con todas sus fuerzas. Pero la roca seguía sin moverse. Con cada intento fallido, el hombre se sentía más irritado por su incapacidad para mover aquella roca, aunque fuera un centímetro.

Finalmente, cuando llegó el cuarto mes, el hombre se dijo: "¡Al diablo con esto! Esta maldita roca no va a moverse y ni siquiera comprendo por qué debo hacerlo".

Entonces el hombre tuvo otro sueño en el que le decía a la Voz del Cielo: "No sé qué quieres de mí. He intentado todo lo que has dicho, pero no ha sucedido nada".

El Creador le respondió: "¿Por qué has dejado de hacerlo?".

El hombre replicó: "Porque no ha sucedido nada".

Dios dijo: "¿Cómo que no ha sucedido nada? ¡Mírate! Mira cuán fuerte estás, cuán determinado y enfocado. Mira lo fuertes que están tus músculos. No eres más la persona que eras al comenzar a empujar la roca. Has cambiado. Esto es lo que ha sucedido. Además, yo no te dije que movieras la roca, sino que la empujaras. Yo moveré la roca cuando sea el momento adecuado".

Rezos: tres veces al día

Rezamos (nos conectamos) a las dimensiones invisibles y llenas de Luz tres veces al día. Como hemos observado antes, el Sistema de Tres Columnas es la razón subyacente de este aspecto tripartito de las cosas que repetidamente encontramos en el mundo que nos rodea. El rezo de la mañana (*Shajarit*) nos conecta con la Energía de la Columna Derecha (+), despertando la Luz para todo el día. La energía que se despierta con esta conexión matutina activa la fuerza espiritual conocida como *misericordia*, que ayuda a alejar el caos y el juicio de nuestras vidas. Una segunda conexión (*Minjá*), la Energía de la Columna Izquierda (-), se realiza mediante el rezo por la tarde, cuando el sol se está poniendo. Esta conexión nos ayuda a aquietar los juicios. Y la tercera conexión (*Arvit*), que es la conexión con la Energía de la Columna Central (neutral), se realiza al rezar por la noche, después de ponerse el sol.

Según el *Zóhar*, la conexión de la noche tiene concretamente el poder de desintegrar los bloqueos de nuestras arterias y todos aquellos que oprimen nuestras relaciones personales, entre familiares, entre distintas creencias o entre naciones. La clave para activar este poder es reconocer y ofrecer en sacrificio la *grasa* de nuestra conciencia, es decir, el ego. Cuando recitamos el rezo de la noche, debemos repasar nuestro día, recordando tantos de nuestros momentos egocéntricos y desagradables como podamos. Cuanto más duro sea para nosotros admitir nuestro comportamiento egocéntrico, más fructuosa será nuestra conexión.

Las mujeres no necesitan realizar los rezos-conexiones del día, pues están en un nivel espiritual superior y tienen una función metafísica diferente en el esquema general de las cosas. Los hombres descienden del Hombre Celestial original o Columna Derecha, y por lo tanto son responsables de generar el flujo de Luz positiva en esta realidad. Las mujeres, al descender de la Mujer Celestial o Columna Izquierda, manifiestan esta Luz en su vida diaria.

Esta situación es similar a la relación entre el Sol y la Tierra. El Sol emite rayos que caen sobre la Tierra. La tarea de la Tierra es tomar esa luz solar y crear la vida, función que realiza mediante la fotosíntesis y otros procesos naturales. Cuando un hombre establece una conexión con el mundo espiritual tres veces por día, él está representando el papel del Sol, canalizando un flujo de Luz y energía hacia su familia y el mundo. Las mujeres, al transitar *el camino del kabbalista*, utilizan esta Luz para generar vida espiritual para la familia y el mundo, del mismo modo que la Tierra produce agua, vegetales y otras cosas necesarias para la vida.

Para más detalles acerca de las conexiones-rezos, puedes consultar el *Libro de rezos diarios kabbalísticos*.

Minián: el poder de los diez

El escenario ideal para las conexiones de la mañana, la tarde y la noche requiere la participación de diez hombres rezando juntos. Esta disposición despierta un poder inimaginable, no sólo para los individuos que establecen la conexión, sino también para toda la ciudad en la que se están realizando los rezos-conexiones. La Kabbalah nos dice que la realidad verdadera existe en diez dimensiones. Por eso tenemos diez dedos en las manos y en los pies, y también por eso la matemática se basa en el número diez. Por lo tanto, si hay diez hombres presentes en un rezo-conexión, cada uno de ellos se conectará automáticamente a una de las Diez Dimensiones, unificando así toda la realidad. Esta unificación de las Diez Dimensiones es como conectar diez canales para que la energía pueda fluir sin interrupciones desde el Mundo de la Luz hasta el Mundo de Oscuridad.

Conexiones en hebreo y en arameo

Dios escucha todos los idiomas. Todos los rezos, sean en la lengua que sean, ascienden a los mundos espirituales superiores. Sin embargo, Dios dio a la humanidad dos idiomas especiales que tienen el poder exclusivo de llegar a las alturas más extremas y generar los efectos espirituales más profundos e importantes. Estos dos idiomas son el hebreo y el arameo.

El mayor malentendido con respecto a estos dos idiomas es que pertenecen a la nación de Israel. Esto no es así. El hebreo y el arameo son universales, y pertenecen a toda la humanidad.

Tanto el arameo como el hebreo se escriben con el alfabeto hebreo, que funciona de la misma forma que el alfabeto atómico. Sabemos que el mundo entero, desde las manzanas hasta las cebras, está compuesto por átomos que se enlazan de diferentes maneras para producir diversas formas de materia, de la misma forma que las letras se combinan para crear diferentes palabras. Sin embargo, las letras hebreas no sólo construyen palabras; también componen la realidad metafísica de aquello que la palabra representa. Por ejemplo, las letras de la palabra hebrea que significa "Luz" no sólo forman la palabra que *describe* la Luz, sino que además son los componentes básicos de la Luz en *sí misma*. Las letras que deletrean la palabra "misericordia" en hebreo no son meramente símbolos que describen este concepto, sino que activan la verdadera fuerza espiritual de la *misericordia*.

Al realizar tu rezo-conexión en hebreo y arameo, estarás trabajando con el verdadero ADN de la Creación. Esto es la nanotecnología espiritual. En reconocimiento de este gran poder, los kabbalistas prescribieron meditaciones y conexiones empleando el arameo como una forma de activar nuestra transformación cada día, permitiéndonos con ello realizar saltos cuánticos para avanzar en nuestro esfuerzo por eliminar del mundo el dolor y el sufrimiento.

Escanear el *Zóhar*

A lo largo de la historia, los kabbalistas nos han dicho que tanto la lectura como el escaneo visual de los textos del *Zóhar* son la forma más poderosa de infundir Energía Divina en nuestras vidas y en este mundo.

Consideremos el consejo de diversos kabbalistas a través de los siglos:

> *"Leer el Zóhar es bueno para el alma, aunque se lea incorrectamente y con muchos errores".*
>
> (Rav David Azulai, 1724–1806)

> *"A quien estudia el Zóhar, aun cuando no entienda lo que sale de su boca, Dios rectifica sus palabras... Aun cuando... no sepa leer, aun así, su recompensa será el doble".*
>
> (Introducción al *Zóhar* impreso en el siglo XVIII)

> *"Aquel que no amerita comprender el Zóhar debería sin embargo aprender, porque el lenguaje del Zóhar purifica el alma".*
>
> (Rav Meir Papirash)

el camino del
kabbalista

> *"El estudio del Zóhar es muy noble, purificador y santificador. Léanlo regularmente aunque no comprendan el texto. Nuestros sabios lo comparan con un niño que está aprendiendo a hablar: aunque no comprenda lo que está diciendo, los padres obtienen un gran placer de sus esfuerzos. De la misma forma, Dios obtiene un gran placer cuando una persona lee los textos sagrados, aun cuando no los comprenda en su totalidad".*

(Kabbalista Rav Eliezer Papo)

¿Por qué es así? ¿Por qué la lectura o el simple hecho de mirar las letras, oraciones y párrafos de un libro daría lugar a tal infusión de poder y energía? En el volumen 16:94, el *Zóhar* dice que si una persona estudia los secretos espirituales de la *Torá* (*Zóhar*) sin un maestro, y por tanto no puede comprender lo que lee, si de todas formas se esfuerza en conectarse con esta sabiduría mediante el amor y el deseo, entonces "cada palabra ascenderá a las alturas" y el Creador "se regocijará ante cada palabra mal pronunciada".

La lección es muy profunda: nuestra falta de conocimiento, nuestra incapacidad para leer y comprender el texto en arameo del *Zóhar* y nuestra distancia de la Luz son los factores que nos permiten, precisamente, acercarnos a la Luz —tanto como el sabio más justo— si nuestro amor y deseo brillan con fuerza. *¡Nuestra debilidad es en realidad nuestra mayor fortaleza!*

Por lo tanto, en vez de sentirnos desalentados por nuestra falta de conocimiento y frustrados por nuestra incapacidad para leer en arameo, deberíamos saber con total convicción que como resultado de realizar el esfuerzo amoroso de escanear el *Zóhar*, el Creador nos "llenará de amor". Cuanto más esfuerzo, confianza y certeza inyectemos en el uso de estas herramientas, más poderosas serán para nosotros.

Es verdad que para alguien versado en el arameo, alguien sabio, erudito y experto en la sabiduría bíblica, será mucho más fácil leer el *Zóhar* y comprender su sabiduría. Pero una persona tal experimentaría poco cambio en su carácter como resultado de la lectura del *Zóhar* porque no estaría poniendo mucho esfuerzo en la acción, y el esfuerzo aquí es lo más importante.

La promesa del *Zóhar*

El Kabbalista más prolífico, no solo del siglo XX sino de toda la historia, es el gran Rav Yehudá Áshlag (1885-1954), fundador del Centro de Kabbalah en 1922. Cada noche, Rav Áshlag (al igual que todos los kabbalistas que le precedieron) se despertaba en mitad de la noche para estudiar el *Zóhar*. Rav Áshlag decía que los maravillosos beneficios y las grandes recompensas que se derivaban de esta acción no tenían nada que ver con la cantidad de conocimientos adquiridos. Este eminente Kabbalista afirmaba que era el difícil acto de salir de la cama a esa hora lo que activaba la Luz, pues el esfuerzo es lo más importante. Aquellos que se esfuercen en conectarse con el *Zóhar* estarán tan protegidos durante tiempos de juicio como si se encontraran en el Arca de Noé; y finalmente, tras ser juzgados, recibirán bendiciones y buena fortuna. Ésta es la promesa del *Zóhar*.

Rav Brandwein, el maestro de mi padre, le dijo al Rav en la época en que estudiaban juntos que debía tener confianza al prometer cualquier cosa a cualquier persona que respaldara la impresión y distribución del *Zóhar*. He aquí el asombroso poder y la importancia monumental del *Zóhar* en este mundo.

Probablemente conozcas la historia de Moisés, el Monte Sinaí y las Tablas que contienen los llamados Diez Mandamientos. Los antiguos kabbalistas nos cuentan que lo que realmente sucedió en el Sinaí hace treinta y cuatro siglos fue un estado de revelación que produjo la inmortalidad y el paraíso en la Tierra. Cada hombre, mujer y niño alcanzaron la inmortalidad, y experimentaron una alegría y bendición inimaginables asociadas con la llegada del Mesías y el Jardín del Edén en la Tierra. Este estado de dicha se creó mediante la revelación de Luz: una infusión profunda de una fuerza espiritual que literalmente erradicó la muerte y la oscuridad del planeta.

Pero entonces algo fue mal. Se nos cuenta que los Israelitas construyeron un becerro de oro mientras Moisés se encontraba en el Sinaí recibiendo las Tablas. En realidad, la construcción del becerro de oro es un código para explicar que los Israelitas no estaban dispuestos todavía a sacrificar su ego. En la Kabbalah aprendemos que, en la vida de cada uno, o muere el ego o muere el cuerpo. Y cuando el ego (el Adversario) es completamente erradicado de nuestro ser, el cuerpo y el alma viven para siempre.

Los Israelitas prefirieron mantener el ego vivo. Como consecuencia, el estado de inmortalidad para el cuerpo y el alma se terminó repentinamente, y la Luz que había dado lugar a ese estado temporal del paraíso se ocultó nuevamente. ¿Dónde se ocultó esta Luz gloriosa? ¿Adónde se fue la inmortalidad? Ésa, como suele decirse, es la pregunta del millón.

La respuesta es que después de que Moisés se enojara por la desobediencia de los Israelitas y rompiera el primer par de Tablas, se creó un segundo par de Tablas hechas de zafiro. Moisés las recibió directamente de Dios en una cueva del Monte Sinaí.

Estas segundas Tablas fueron imbuidas de la Luz y energía necesarias para reactivar la inmortalidad en nuestro planeta. Para referirse a esta energía, la Kabbalah utiliza la expresión hebrea *Or haGanuz (La Luz Oculta)*.

Ahora debemos hacer frente a una pregunta más inquietante y obligada: ¿dónde están esas segundas Tablas?

El esplendor en la cara de Moisés

La Torá cuenta que cuando los Israelitas construyeron el becerro de oro, como resultado de su gran pecado Moisés bajó de la montaña y rompió las dos Tablas originales, y esta destrucción desconectó al mundo de la inmortalidad. Tal como acabamos de ver, Moisés regresó a la montaña para recibir un segundo par de Tablas hechas de zafiro. La Torá dice que cuando Moisés regresó con el segundo par de Tablas, su rostro irradiaba una Luz intensa.

En su comentario de este episodio, la palabra que el Kabbalista español del siglo XI Avraham Ibn Ezra emplea para describir la Luz que irradiaba de la cara de Moisés es *Zóhar*. Ibn Ezra no fue el único en hacerlo. El gran astrónomo, astrólogo, matemático y comentarista bíblico del siglo XIII Rav Levi ben Gershom, conocido como Gersonides, también usa la palabra *Zóhar* para describir la energía que emanó del rostro de Moisés.

Otro gran sabio del siglo XV, el Kabbalista Rav Don Isaac Abarbanel, también emplea varias veces la palabra *Zóhar* al ofrecer un sagaz comentario sobre la Luz que irradiaba el rostro de Moisés, y agrega que es un secreto muy profundo.

Para ocultar la Luz que Ezra, Gersonides y Don Isaac identifican como *Zóhar*, la Torá nos cuenta que Moisés tuvo que usar un velo.

Rashi (Rav Shlomo Yitzhaki), probablemente el más importante de todos los comentaristas bíblicos medievales, reveló un asombroso secreto con respecto a este peculiar velo. Toda la Biblia está escrita en hebreo. Sin embargo, Rashi señaló que la palabra usada en la Torá para referirse al velo (*masvé*) que Moisés llevaba en la historia de *Ki Tisá* es, en realidad, una palabra aramea y no hebrea. Aquí hemos descubierto un profundo secreto y una clara referencia a la fuente más relevante de la sabiduría kabbalística, el *Zóhar*, un libro que fue escrito en la lengua aramea. Todos los kabbalistas de la historia han reconocido el *Zóhar* arameo como el *velo* que cubre la Luz Oculta (*Or haGanuz*), que es nada menos que la Luz de la Inmortalidad.

La revelación del *Zóhar*

Esto significa que la difusión del *Zóhar* en el mundo es literalmente la revelación y restauración de la Luz de la Inmortalidad. Estudiar los textos del *Zóhar* es equivalente a *revelar* la Luz de la Inmortalidad. Meditar sobre sus textos, o simplemente escanear visualmente sus palabras, es un acto que repone la Luz oculta de la Inmortalidad. Ésta es la razón por la que los grandes kabbalistas de la historia nos aconsejan leer o escanear el *Zóhar* aun cuando no comprendamos una sola palabra. Codificada en cada letra, en cada palabra y cada verso del texto arameo del *Zóhar*, se encuentra la gran fuerza espiritual y la Luz que produjo la inmortalidad en la Tierra hace treinta y cuatro siglos.

Según los kabbalistas, el *Zóhar* debería escanearse todos los días por lo menos durante cinco minutos. También es beneficioso estudiar sus textos después de la medianoche, solo, con un maestro o con amigos. Cada vez que meditamos sobre un texto del *Zóhar* o lo estudiamos, restauramos una porción de la Luz que se perdió en el Monte Sinaí. Cuantas más copias del *Zóhar* circulen en el mundo y más personas escaneen sus textos, más rápidamente desaparecerán la oscuridad y la muerte de este mundo.

El Nombre de Dios de 42 letras (Meditación de un Kabbalista)

Cada día, los kabbalistas recitan lo que se conoce como el El Nombre de Dios de 42 letras (*Aná Bejóaj*). Esta poderosa secuencia de letras nos otorga la habilidad de elevarnos diariamente sobre todas las influencias negativas que nos rodean. Las siete estrofas de esta recitación se corresponden con los siete días de la semana, y las meditaciones especiales diarias se corresponden con lo que se conoce como los *Ángeles del Día*. No te confundas pensando en los ángeles como esos pequeños querubines con alas. Los ángeles son influencias espirituales auténticas, fuerzas metafísicas con las que podemos conectarnos para llenar de energía positiva nuestro día y mantener a raya la energía negativa.

Utilizamos las siete estrofas y los Ángeles del Día para obtener el control genuino sobre nuestra vida. Sin estas conexiones somos vulnerables a todas esas fuerzas del caos que giran a nuestro alrededor. Para un entendimiento mayor de estas conexiones diarias, puedes consultar mi libro: Meditación de un Kabbalista: El Nombre de Dios de 42 letras.

el camino
del
kabbalista

El regreso del Alma (*Modé Aní*)

Durante el sueño, el alma asciende a las dimensiones superiores para recargarse de Energía Divina. Éste es el propósito del sueño. Hay una oración que los kabbalistas recitamos al momento de abrir los ojos, cuando nos despertamos, para asegurarnos de que nuestra alma regrese por completo a nuestro cuerpo. Así expresamos el aprecio por el nuevo día que se nos ha dado, en el que podremos continuar nuestra transformación hacia nuestro objetivo final de crear el paraíso en la tierra. En el momento de despertarnos, recitamos lo siguiente:

(מוֹדָה : Las mujeres dicen) מוֹדֶה
      Modá   Modé

שֶׁהֶחֱזַרְתָּ וְקַיָּם וָחַי מֶלֶךְ לְפָנֶיךָ אֲנִי
Shehejezarta vekayam jai melej lefaneja aní

אֱמוּנָתֶךָ: רַבָּה בְּחֶמְלָה. נִשְׁמָתִי בִּי
emunateja rabá bejemlá nishmatí bi

El lavado de manos

Cada mañana al levantarse, los kabbalistas se lavan las manos usando una copa o jarra de dos asas; el agua se vierte tres veces sobre cada mano, comenzando con la derecha y alternándolas, hasta llegar a un total de seis vertidos. El motivo de esta alternancia es que las entidades negativas saltan de una mano a la otra cuando entran en contacto con el agua; al alternar tres veces, las perseguimos hasta que finalmente se desprenden.

Según la Kabbalah, la energía del sueño es equivalente a una sesentava parte de muerte. Durante la noche, las fuerzas negativas se adhieren a las palmas y dedos de nuestras manos. De modo que al lavárnoslas, disolvemos todas esas influencias.

El kabbalista también se lava las manos antes de partir el pan. Lo hace porque el pan es un poderoso conductor de energía espiritual; y antes de comerlo es necesario resistirse al *Deseo de Recibir* que está asociado a las manos y eliminar todas las influencias negativas de nuestros dedos.

Las bendiciones antes de las comidas

La palabra *bendición* es muy confusa, pues tiene connotaciones religiosas que sugieren que estamos alabando o agradeciendo a Dios por el alimento que comemos. Sin embargo, la verdad es que Dios no necesita ni desea nuestro agradecimiento. Tampoco vinimos a este mundo a cantar alabanzas a Dios; estamos aquí para ser la Causa y los creadores de nuestra propia alegría, felicidad y Luz. Para darnos esta oportunidad, se nos ocultó la Luz (el paraíso); y nuestro trabajo es encontrarla. Cuando lo logramos, nos hacemos responsables de atraerla para todas las personas del mundo. Así, realizando acciones para activar la Luz, la energía positiva y las bendiciones en nuestras vidas, es como nos convertimos en los creadores de nuestra propia felicidad.

La clave es que las bendiciones dependen de nosotros y no de Dios. Nunca lo olvides: fuimos *nosotros* los que pedimos a Dios esta oportunidad. En vez de obtener el paraíso y la felicidad eterna como si fuera una dádiva, quisimos emular al Creador y crear nuestra propia felicidad por nosotros mismos. Por eso se nos ocultó la Luz. Y por eso vivimos en un mundo oscuro en el que es tan difícil encontrar la felicidad, la verdad y la alegría duraderas. Pero cuando las encontramos, tenemos la responsabilidad de ponerlas a disposición de nosotros mismos y de los demás; y esta experiencia proporciona la mayor plenitud que jamás hayamos podido tener.

La Luz permanece oculta de muchas maneras. Las relaciones amorosas, el sexo, la comida, el dinero, los hijos, la naturaleza, la música y la creatividad son algunas de las vestimentas que ocultan la Luz original, y por ello amamos tanto estos tesoros. Sin embargo, existe una forma particular de *revelar* la chispa de Luz oculta en todos esos elementos, una forma de permitirnos recibir la mayor cantidad posible de Energía Divina. Tomemos como ejemplo la comida. Si al comer no recitamos las bendiciones, la chispa de Luz dentro del alimento permanece latente e inactiva; todo lo que recibimos del alimento es la nutrición, que constituye sólo el uno por ciento de su energía. Pero cuando bendecimos la comida, activamos la chispa divina que hay dentro de ella y esto nos permite recibir tanto el uno por ciento de su energía que nutre nuestros cuerpos como el 99 por ciento de su energía que alimenta nuestras almas.

Al recitar la bendición, *nos* convertimos en la Causa de la revelación de la Luz en la comida. Ahora, el alimento no sólo nutre, sino que también es curativo y nos brinda bienestar y satisfacción espiritual. Según el Kabbalista del siglo XVI Rav Isaac Luria (el Arí), un cuerpo que sólo se llena de nutrientes inevitablemente se oscurece, y su espiritualidad desciende.

Además, el alimento que se come sin que su Luz sea revelada mediante la bendición, alimenta a las fuerzas negativas que moran en el cuerpo como resultado del comportamiento egoísta y reactivo. En cambio, cuando bendecimos el alimento, activamos en él la Luz y evitamos que se alimente cualquier fuerza negativa que pueda habitar en nosotros.

parte dos: un día en la vida

Kosher

El mundo está conformado por tres fuerzas: positiva, negativa y neutra (resistencia). Éste es el Sistema de Tres Columnas al que nos referimos anteriormente. Como sabes, una bombilla debe tener un polo negativo, un polo positivo y un filamento para poder emitir luz. El concepto de la comida kosher funciona de la misma forma. La idea es crear un circuito de energía para que nuestro alimento irradie las fuerzas espirituales de la Luz del mismo modo que una bombilla emite su luz.

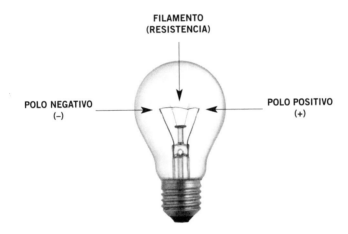

En los hogares kosher, la leche y la carne nunca se mezclan. La leche se corresponde con el polo positivo de una bombilla. La leche es blanca, como la luz solar, que contiene absolutamente todos los colores del espectro. La leche está destinada al propósito de dar y compartir vida, de alimentar a los bebés. La leche tiene continuidad, nunca se desecha, sino que se usa para hacer yogur o queso. Los lácteos son absorbidos por el cuerpo rápidamente, por lo general en treinta minutos. Por todas estas características, la leche está categorizada como energía positiva de compartir.

La carne, por el contrario, es roja, la frecuencia más baja del espectro de color. Proviene de un animal que ha sido sacrificado, lo cual es opuesto a compartir vida. La carne requiere cinco o seis horas para digerirse, un claro índice de que su deseo fuerte es recibir y no compartir. La carne se considera parte de la Columna Izquierda, cuya carga de energía es negativa.

Cuando los alimentos imbuidos por estas dos fuerzas se conectan en el cuerpo, producen un cortocircuito espiritual. Cuando nos resistimos a ingerir leche y carne al mismo tiempo, creamos un filamento que permite que la Luz espiritual brille en nuestros cuerpos y almas. Si los kabbalistas comen carne, esperan seis horas antes de ingerir un producto lácteo para evitar así una conexión directa entre lo positivo y lo negativo. Si lo primero que se come es el lácteo, el periodo de espera debe ser de treinta minutos, pues los lácteos se absorben más rápido.

No comemos cerdo porque el cerdo tiene su origen en el Sistema de Dos Columnas (mientras que las reses provienen del Sistema de Tres Columnas). Por ejemplo, la vaca tiene la pezuña partida (Dos Columnas) y es rumiante, lo cual constituye un acto de resistencia (Tercera Columna): en vez de ingerir el alimento de inmediato, la vaca se resiste a ello y lo mastica nuevamente antes de tragarlo. El cerdo tiene la pezuña partida pero no rumia, por lo que no tiene la Tercera Columna (resistencia). Principios similares explican por qué los kabbalistas tampoco comen mariscos, animales bentónicos, crustáceos, ni carne equina. Todas las leyes kosher se ajustan al Sistema de Tres Columnas; kosher es una tecnología para asegurar que nuestra dieta pueda proporcionarnos equilibrio espiritual y un flujo libre de energía.

En el caso de la carne, el proceso kosher requiere un método específico para sacrificar al animal. Los kabbalistas creen que un aspecto del alma de una persona puede reencarnar en un animal para un propósito kármico; así, el sistema kosher elimina de la sangre del animal la negatividad reencarnada. Cuando se prepara carne kosher, se extrae cada gota de sangre para que no quede rastro del alma reencarnada en el animal. Por otro lado, el animal no siente dolor cuando se sacrifica según los procedimientos kosher. Si un animal sufre en ese momento, la negatividad asociada al dolor se expande por todo el animal y se transfiere a la persona que ingiriere su carne. Asimismo, cuando un animal se sacrifica según el método kosher, la persona que lo ingiere está elevando todas las chispas del alma que residen dentro de él.

El agua de Kabbalah

Hace más de trescientos años, el gran Kabbalista italiano del siglo XVIII Moisés Hayim Luzzatto (*Ramjal*) y el célebre Kabbalista del siglo XIX Yosef Hayim, de Bagdad, afirmaron que en el Fin de los Días un agua especial transformaría a las personas y al mundo. El simple acto de beber esta agua asistiría al individuo en su transformación. Citaron otras fuentes kabbalísticas que datan de miles de años y la Torá, como la autoridad de la que parte tal declaración.

El agua siempre estuvo destinada a tener un rol importante en la elevación de la humanidad y del mundo. Para inyectar energía espiritual al agua, los kabbalistas poseían una fórmula especial basada en los Nombres Divinos de Dios. De todas las sustancias que hay en la Tierra, el agua es la que mejor encarna las cualidades de la Luz del Creador; es realmente una forma líquida de Luz. En la antigüedad, las aguas terrestres poseían cualidades curativas naturales, de ahí que las figuras bíblicas vivieran durante cientos de años. En aquellos tiempos el agua no causaba daño, no había ahogamientos ni inundaciones destructivas. Después del diluvio bíblico de la época de Noé, las aguas de la Tierra se corrompieron y el agua desarrolló una naturaleza dual, tanto de misericordia como de juicio. Los antiguos kabbalistas dicen que cuando llegue el tiempo de nuestra Redención, los Nombres Sagrados de Dios y otras tecnologías kabbalísticas se usarán para hacer regresar el agua a su estado prístino original.

Desde tiempos de Noé, sólo los kabbalistas han sabido cómo conectarse con las aguas puras originales. Por ejemplo, los kabbalistas conocen una ubicación precisa en el Mar de Galilea donde puede encontrarse la Fuente de Miriam, la hermana de Moisés. Gracias a sus méritos, una fuente de agua acompañó a los Israelitas durante su travesía por el desierto. La Fuente de Miriam se refiere tanto a las aguas primordiales de la Tierra como al poder espiritual y la energía de la Realidad del 99 por ciento, puesto que el agua es un simple reflejo de la Luz.

En el siglo XVI, el gran Kabbalista Isaac Luria llevó a su amado discípulo y sucesor, Haim Vital, hasta el medio del lago para que el estudiante bebiera de la Fuente de Miriam. Esto le permitió a Haim Vital disminuir su ego y, a la vez, fortalecer su alma para poder entender todos los grandes secretos de la Kabbalah que Rav Luria iba a enseñarle.

El agua de Kabbalah se somete a una serie de procedimientos kabbalísticos ordenados de forma precisa según las instrucciones del Kabbalista Isaac Luria y las enseñanzas del *Zóhar*. Para la creación del agua de Kabbalah se necesitan ciertos manantiales en el mundo que están circundados por tipos particulares de vegetación y que reciben una cantidad específica de días de lluvia consecutivos. El *Zóhar* y los kabbalistas fueron muy concretos en cuanto al tipo de fuentes y manantiales que pueden utilizarse. Toda el agua recolectada actualmente de estos lugares especiales se somete a un tratamiento con diversas meditaciones y bendiciones antiguas; todo esto cambia la estructura molecular del agua, controlando su conciencia y haciendo que se convierta en un poderoso medio para transferir la Luz del Creador a nuestros cuerpos y almas.

El Hilo Rojo

"Una persona poseída por el mal de ojo lleva consigo la mirada destructora de la fuerza negativa; por lo tanto, tal persona recibe el nombre de 'destructor del mundo'. La gente debería protegerse contra tal persona y no acercársele para evitar ser dañada por ella".

(El *Zóhar*)

El Hilo Rojo es una herramienta poderosa que intercepta todas las influencias negativas transmitidas por el mal de ojo y nos protege de ellas. El "mal de ojo" se refiere a cualquier mirada celosa, envidiosa o llena de odio que va dirigida a nosotros. No importa si esta mirada es o no intencional, su influencia negativa se irradia de todos modos.

El Hilo Rojo proviene de Israel y se envuelve alrededor de la tumba de Raquel, la gran matriarca de la Biblia. Se dice que Raquel llora por sus hijos cada día para protegernos de la destrucción. Al envolverlo alrededor de la tumba de Raquel, el hilo recibe un poder proactivo que actúa como una vacuna contra los virus metafísicos que nos atacan cada día. No lo dudes: aun las miradas negativas más leves afectan nuestro cuerpo, tanto espiritual como físicamente.

el camino del
kabbalista

El Hilo Rojo se lleva en la muñeca izquierda y se ata con siete nudos, que se corresponden con las siete *Sefirot* (dimensiones) de nuestra realidad física. También existe una antigua secuencia de palabras que debe recitar la persona que ata el hilo a tu muñeca. Para un kabbalista, el Hilo Rojo es tan importante, que se lo ata al niño recién nacido momentos después del alumbramiento. Para más detalles acerca del Hilo Rojo, puede que te interese leer *El Libro del Hilo Rojo*.

Flecos y cobertores de cabeza (*Tzitzit, Talit, Kipá*)

Tal como hemos visto, la Luz del Creador se corresponde con el flujo positivo de energía, similar al polo positivo de una bombilla; y tanto el cerebro humano como el cabello se corresponden con el polo negativo de la bombilla. El casquete redondo (*Yarmulke* o *Kipá*) actúa como el filamento que crea resistencia para que la Luz espiritual brille a través de nuestro ser. El kabbalista siempre se cubre la cabeza para crear un circuito de energía.

Durante sus rezos-conexiones, un hombre casado llevará un manto de rezos con flecos o *Talit*. El manto de rezos tiene cuatro esquinas que actúan como transmisores para emitir la Luz espiritual convocada por el individuo a los cuatro puntos cardinales de la Tierra. En el lenguaje kabbalístico, la Luz que atrae el *Talit* se conoce como Luz Circundante (*Or Makif*), y esta emisión de Luz imbuye de energía nuestra realidad física a nivel cuántico, afectando simultáneamente a todos los pueblos del mundo.

Un kabbalista también lleva debajo una vestimenta o camisa (*Tzitzit*) con flecos específicamente diseñados para actuar como antenas metafísicas que atraen la Luz para protegernos. La Luz que se atrae se conoce como Luz Interior (*Or Pnimí*). La fuerza de energía que genera esta prenda nos motiva y nos incita, consciente y subconscientemente, a elevarnos a alturas espirituales mayores y a avanzar aun más.

El *Tzitzit* tiene también otro propósito: conjura nuestros recuerdos ocultos del Mundo sin fin, la verdadera Luz que puede traernos la felicidad infinita, a diferencia de las gratificaciones temporales e instantáneas asociadas con el interés propio y el mundo físico. Solíamos conocer este Mundo de la Luz, pero esos recuerdos se encuentran ahora ocultos detrás de una cortina que ha colocado el Adversario (ego). Así, el ego no nos deja ver nuestro verdadero ser ni nos permite reconocer nuestro propósito en la vida. El *Tzitzit* nos ayuda a resistirnos a las estratagemas del Adversario y en su lugar aprovechemos las oportunidades para compartir y crecer. En vez de olvidarnos del significado de la vida, comenzamos a olvidarnos de los deseos inútiles del ego.

Los cuatro juegos de flecos del *Talit* y del *Tzitzit* generan su poder actuando como canales para las cuatro letras que componen el Nombre más sagrado de Dios, conocido como Tetragrámaton.

Tefilín (Filacterias)

La humanidad es un microcosmo de la Creación. El brazo derecho de una persona se corresponde con la Columna Derecha (+), el brazo izquierdo encarna la Columna Izquierda (-), mientras que el cerebro, el asiento de la conciencia humana, representa la Columna Central o tercera, conocida también como "resistencia" o "libre albedrío". Todas las formas de recibir y tomar se canalizan a través del lado izquierdo del cuerpo humano, y todas las formas de dar y compartir lo hacen a través del lado derecho. El libre albedrío, desde el cual nos resistimos a recibir egoístamente (Columna Izquierda) y compartimos (Columna Derecha), tiene su raíz en el reino de la conciencia humana (Columna Central).

La verdadera conciencia ocurre cuando nos *resistimos*. Si simplemente tomamos, que es nuestra naturaleza instintiva, nos comportamos de forma reactiva. La conciencia se eleva cuando nos resistimos a tomar algo y, en su lugar, pensamos en otros y compartimos. Ésta es la clave para el desarrollo y la transformación del mundo.

Sin embargo, a causa del ego humano —la fuerza llamada Satán—, no somos conscientes del peligro de recibir de forma egoísta. El ego nos da placer y nos recompensa cada vez que recibimos a expensas de otro; pero cuando recibimos, solamente adquirimos una forma limitada y transitoria de placer. Por el contrario, cuando compartimos, experimentamos un dolor limitado y temporal en el ego; sin embargo, después de ello la Luz del Creador inunda nuestra vida y nos otorga la felicidad genuina de una forma práctica y tangible.

Desafortunadamente, nuestro ego no nos deja ver la recompensa que acompaña los actos de resistir y compartir. El Adversario interno enfoca nuestra atención y nuestros deseos en el momento inmediato, de forma que sacrificamos la felicidad de largo plazo por la gratificación a corto plazo. Como la Columna Izquierda (el ego) es tan poderosa, necesitamos herramientas adicionales para dominarla y controlarla. Éste es el propósito de los *Tefilín*. Cada mañana, un hombre se envuelve la mano y el brazo izquierdo con las tiras de cuero de los *Tefilín* para dominar el deseo negativo de la Columna Izquierda que gobierna nuestra naturaleza. Combinado con los diversos Nombres de Dios implantados dentro de las cajas de los *Tefilín* y otros rezos-conexiones realizadas en ese momento, este acto de colocarse el *Tefilín* es una forma poderosa de dominar y transformar los impulsos negativos y deseos egocéntricos, los miedos, el enojo, la ira y todos los aspectos miserables que están al acecho en lo más profundo de los niveles del ego.

Para ayudarnos a comprender con mayor profundidad el poder y el propósito de los *Tefilín*, examinemos uno de los pasajes más controvertidos de la Biblia.

Sacrificio

"Demuéstrame que me amas. Demuéstrame que te importo. Ve a tu cocina, toma un cuchillo y degüella a tu hijo".

No, no se trata de la secuela de la película *Scream 3*. Es una paráfrasis de aquello que Dios, nuestro Creador, le solicitó que hiciera al gran patriarca Avraham: que sacrificara a su amado hijo Isaac como prueba de su compromiso inquebrantable con el Señor del Universo.

¿Qué pasó con el Mandamiento de Dios "no matarás"? ¿Cómo podemos nosotros —personas lógicas, racionales y pensantes—, reconciliar la orden que Dios le dio a Avraham con el mandamiento de Dios de no matar?

No lo reconciliamos. No podemos encontrarle ningún sentido a esta contradicción, por lo menos en la superficie. Sin el conocimiento de la Kabbalah, no es posible que los lectores de este pasaje bíblico extraigan un beneficio práctico, lo cual podría explicar por qué el 95 por ciento del mundo ha dejado de leerlo. Sin embargo, El *Zóhar* revela un profundo mensaje, un secreto que te ayudará a comprender en profundidad tu propia naturaleza y a encontrar la clave de la verdadera felicidad y la cordura en este mundo infeliz e incoherente. Este mensaje también arrojará luz sobre el propósito de los *Tefilín* y de los senderos del kabbalista.

En la historia bíblica tradicional, Avraham sigue las órdenes de Dios, lleva a Isaac al Monte Moriá y lo ata al altar. En el momento en que Avraham está a punto de insertar el cuchillo en el cuello de su hijo, un ángel aparece en la escena con un mensaje urgente: "¡Detente! Esto sólo era una prueba de Dios". No llegó a pasar por muy poco. Pero ¿por qué un Dios que es todo amor y misericordia haría pasar a un hombre por una prueba tan agonizante para que demostrara su lealtad, amor y fidelidad?

Tal como hemos visto en este libro, según la Kabbalah, el mundo se compone de tres fuerzas principales: una positiva, una negativa y una neutral. La ciencia coincide con este enfoque. Estas tres fuerzas se expresan tanto espiritual como físicamente. Físicamente se manifiestan como el protón, el electrón y el neutrón. Espiritualmente, las tres fuerzas se expresan como:

1. el deseo de compartir (bueno);
2. el deseo de recibir (malo);
3. el libre albedrío para escoger entre los dos (transformación).

Estas tres fuerzas son precisamente aquello que distingue a los hombres de los animales. Un león que está persiguiendo a un antílope no se detendrá de repente para considerar las implicaciones morales de sacrificar a esa pobre criatura. La cena es la cena. Pero un ser humano sí suele hacer una pausa para reconsiderar sus acciones. Este acto de detenerse o de *resistencia* solo puede darse como resultado del libre albedrío, que es una característica exclusiva de la raza humana.

La Kabbalah dice que estas tres fuerzas espirituales son la clave para mantener el secreto oculto en las historias bíblicas acerca de Avraham, su hijo Isaac y el hijo de éste: Jacobo. Avraham, Isaac y Jacobo son tres grandes patriarcas bíblicos. Sin embargo, son algo más que simples nombres o personajes de la Biblia: son también tres modelos para los tres principios mencionados; son la fuente de donde emergen las tres fuerzas propias de la conciencia humana en este mundo. El esquema es el siguiente:

- Avraham representa la Columna Derecha, la fuerza de compartir
- Isaac personifica la fuerza de recibir, la Columna Izquierda
- Jacobo representa la fuerza del equilibrio, la Columna Central

Al referirse a Avraham, Isaac y Jacobo, la Biblia en realidad está hablando del ser humano. Está hablando acerca de ti y de mí.

Ahora volvamos a examinar la historia de Isaac y el sacrificio para revelar los secretos ocultos. *El código es*: Dios ordenó a Avraham que atara a Isaac en el altar y lo matara como sacrificio. *Y su verdadero significado es*: un ser humano debe hacer uso constantemente del poder del alma (Avraham) para sacrificar su deseo (el sacrificio de Isaac) y eliminar todos los rasgos autodestructivos y egoístas de su naturaleza (la matanza de Isaac). Esto significa abandonar (sacrificar) los placeres de corto plazo a cambio de los placeres espirituales

el camino
del
kabbalista

eternos. ¿Significa esto despojarnos de nuestros automóviles, equipos estéreo, casas, ropa, teléfonos móviles o computadoras? Por supuesto que no. De la misma forma que Avraham no tuvo que llevar a cabo el sacrificio de su hijo, nosotros no tenemos que renunciar a todo el mundo físico. Es la *adicción* a este mundo, nuestro interés propio que nos consume, lo que debemos sacrificar.

Queremos a nuestro ego de la misma forma que se quiere a un hijo, igual que Avraham amaba a Isaac. Una vez que sacrificamos ese ego, una vez que ese aspecto adictivo de esa naturaleza desaparece, hace su aparición el ángel y dice: *"Está bien, quédate con el automóvil; conserva la casa; no regales la ropa; mantén el televisor de plasma y el iPhone"*. Está bien que conservemos estos artículos materiales ahora, porque ya no controlan nuestro nivel de felicidad. Cuando apreciamos la verdadera libertad y el auténtico placer espirituales, podemos tenerlo todo. A lo único que debemos renunciar en el mundo físico es al ego, que nos mantiene adictos a los artículos externos para que puedan controlarnos, en vez de vivir a la manera del kabbalista, que es exactamente lo contrario.

En el camino de la Kabbalah, nuestra felicidad se crea desde el interior. Somos los capitanes de nuestro destino y los creadores de nuestra plenitud. Cuantos más rasgos negativos "sacrifiquemos" dentro de nosotros, más capacidad tendremos para recibir la Luz duradera de la plenitud.

Cómo tenerlo todo

Un kabbalista lo quiere todo. Para lograr esto está diseñado *el camino del kabbalista*. La Kabbalah nunca nos pide que negociemos a la baja con nuestra vida. Cuando renunciamos a nuestro ego, es posible que al comienzo sintamos que estamos renunciando a algo valioso, pero no es así. Todo lo que estamos haciendo es cambiar una hamburguesa por un bistec. Se nos está dando algo que nos hará más felices que en nuestros sueños más fantásticos.

Cada vez que satisfacemos a nuestro ego, estamos comprometiendo un verdadero tesoro espiritual: salud, felicidad, hijos, paz mental, serenidad y auténtica prosperidad, para comenzar. Por el contrario, cada vez que negamos y nos resistimos a nuestro ego, recibimos a cambio un tesoro espiritual invalorable. Sin embargo, si bien comprender esta verdad profunda y vivir bajo este principio es fácil de decir, no es tan fácil de hacer. El ego es fuerte y los placeres que nos gratifican son muy tentadores y seductores.

Cuando envolvemos nuestro brazo izquierdo con las cintas de cuero de los *Tefilín*, atamos todas las emociones, deseos, miedos y ansiedades negativas que controlan nuestra vida y las vencemos. Estamos imitando la atadura de Isaac: nuestro brazo derecho (Avraham) está atando al *Tefilín* alrededor de nuestro brazo izquierdo (Isaac) con el único propósito de sacrificar todos los rasgos negativos que nos conducen a la oscuridad, a la destrucción personal y, finalmente, a la muerte. Una vez que hayamos eliminado todos los aspectos del deseo negativo, una vez que la energía de nuestra Columna Derecha controle y dirija la Columna Izquierda, habremos alcanzado la inmortalidad.

No te conformes con menos.

parte tres
la semana laboral

parte tres: la semana laboral

El Sábado (*Shabat*)

Para la Kabbalah, el Shabat tiene un solo propósito: eliminar el caos, el dolor y la muerte de la experiencia humana. El Shabat no es un día de descanso, sino un día de intenso trabajo espiritual. El único descanso que realmente buscamos ese día, y definitivo, es el de la muerte misma. El Shabat fue entregado a la humanidad para ayudarnos a lograr este sublime propósito.

Si siembras una semilla de manzana en la tierra, inevitablemente brota un manzano. Sin embargo, una vez que sus raíces, su tronco y sus ramas emergen, ya no puedes encontrar la semilla original de ese árbol; ha desaparecido. La *Causa* del árbol se ha desvanecido ante nuestros ojos. Sin embargo, la Kabbalah dice que se puede encontrar la causa original observando el efecto final.

¿Cuál es el efecto final de una semilla de manzana? La manzana que cuelga al final de la rama. Y con certeza, si miras dentro de la manzana, ¿qué encuentras? La *Causa* original del árbol: ¡la semilla! Este fenómeno ilustra la Ley de Causa y Efecto: la Causa contiene el Efecto (la semilla diminuta contiene todo el árbol en su interior) y el Efecto contiene la Causa (la manzana final contiene la semilla).

Hace tres mil cuatrocientos años, cuando Moisés recibió las Tablas en el Monte Sinaí, se creó un estado de inmortalidad y felicidad inimaginable. Tal como hemos mencionado anteriormente, el *Zóhar* dice que esas Tablas, originalmente hechas de brillante zafiro, transmitieron la energía metafísica de la Realidad del 99 por ciento a nuestra realidad física. Esta transmisión de energía produjo un estado perfecto de inmortalidad, y la muerte se eliminó del paisaje de la civilización humana.

Sin embargo, después de que los Israelitas construyeran el becerro de oro, Moisés dejó caer las dos Tablas, que se rompieron en pedazos. Como resultado, la humanidad se desconectó de la Luz de la Inmortalidad y la muerte volvió a nacer. El *Zóhar* y los kabbalistas de la antigüedad nos dicen que Moisés, antes de volver a la montaña y recibir de Dios el segundo par de Tablas, colocó los pedazos rotos de las primeras en el Arca de la Alianza. Tanto las originales como las segundas Tablas contenían la Luz de la Inmortalidad. Ambos pares fueron colocados en el Arca de la Alianza, el cual fue enterrado bajo tierra como una semilla. De esta semilla emergieron las ramas y los frutos, que son los rollos de la *Torá*.

La Luz de la Inmortalidad fue la Causa de las Tablas y del Arca. El Efecto final o fruto de esta Causa es el rollo de la *Torá* que se lee en el Shabat. Si miras una manzana por dentro, encontrarás la Causa original del fruto: una semilla de manzana. Del mismo modo, si miras dentro de la *Torá*, encontrarás su Causa original: *¡la fuerza de la inmortalidad!*

He aquí la razón por la que leemos la *Torá* cada Shabat. Su lectura restaura una porción de la Luz de la Inmortalidad que se perdió en el Monte Sinaí como resultado de la construcción del becerro de oro, que es un código para el ego humano. Idolatramos al ego y sus deseos autoindulgentes de la misma forma que los Israelitas idolatraron al becerro de oro.

Así, cada Shabat —esto es, cada día séptimo, que se corresponde con la séptima dimensión: *Maljut*— tomamos de la Luz de la Inmortalidad para limpiar esa parte del ego que nos hace adorar el mundo material y al propio ego. Así, al limpiar el ego, la Luz de la Inmortalidad aumenta en el mundo. Cuando lleguemos a ser una masa crítica de personas que utiliza adecuadamente la tecnología de la *Torá* y del Shabat, la muerte desaparecerá de la faz de la Tierra.

Solamente nuestro ego, Satán, nos lleva a dudar de esta verdad. El cinismo, el escepticismo y la duda —la misma que los antiguos Israelitas tuvieron respecto de Moisés— son todas fabricaciones de nuestro Adversario, y una de las armas favoritas de Satán. Pero a medida que superemos este escepticismo, la posibilidad de alcanzar la inmortalidad y la felicidad sin fin se volverá real en nuestras mentes. Cada semana, la *Torá* y la conexión del Shabat eliminan una porción de nuestras dudas.

La estructura del Shabat

Como todas las herramientas de *El Camino del Kabbalista*, el Shabat está basado en el Sistema de Tres Columnas, que sirve para generar Luz. Los rezos-conexiones y la comida de la noche del viernes establecen la energía de recibir de la Columna Izquierda, que se completa con una bendición sobre una copa de vino tinto que luego bebemos. La bendición que se dice sobre el vino contiene exactamente setenta y dos palabras, y cada palabra conecta con uno de los 72 Nombres de Dios. Esta bendición canaliza la Luz del 99 por ciento hacia nuestra realidad porque el vino tinto, gracias a su poder de recibir, tiene la capacidad natural de atraer energía espiritual, una de las razones por las cuales puede emborracharnos.

La Columna Derecha se construye durante la lectura de la *Torá* y la comida de la mañana del sábado. La Tercera Comida, durante la tarde del Shabat, crea la Columna Central o tercera, equivalente al filamento que hace posible la iluminación de la Luz del Shabat.

el camino del kabbalista

DISEÑO DE UNA BOMBILLA ESPIRITUAL

Para más detalles sobre el Shabat, lee el libro *Kabbalah on the Sabbath* (Kabbalah y el Shabat).

Cocción del pan de Shabat (*Jalá*)

Antes del Shabat, las mujeres cuecen un pan a base de huevo que se llama *Jalá*. Esta acción ayuda a las mujeres a corregir el pecado original de Eva, que fue probar el fruto del *Árbol del Conocimiento*. Los kabbalistas nos dicen que este árbol contenía trigo. Por lo tanto, al convertir el trigo en *Jalá* para Shabat, el pecado de Eva se corrige, puesto que el trigo se convierte en un conducto para canalizar la Luz del Creador. Asimismo, dado que la *Jalá* —como cualquier pan— es una antena poderosa para atraer energía, se lo utiliza para atraer la Luz y la energía de Shabat a esta realidad física. La única manera de atraer la Luz a esta realidad física es creando un conducto entre nuestra realidad y el mundo espiritual. La *Jalá* es el conducto que nos permite aprovechar la Energía Divina y expresarla como Luz espiritual.

La lectura de la *Torá* durante los días de la semana

Durante el Shabat, acumulamos Luz y energía suficientes para toda la semana. Es como cuando cargamos una batería para que dure por un tiempo. Sin embargo, para cargar y usar una batería hay que establecer las conexiones adecuadas. Para que nuestra batería Divina nos conecte durante el Shabat, leemos la *Torá* los lunes y jueves durante los rezos-conexiones matutinas; de esta forma, podemos hacer un uso práctico de esta energía durante toda la semana.

El segundo propósito detrás de estas dos lecturas de la *Torá* es establecer un enlace sin interrupciones de un Shabat a otro. Ya hemos mencionado que la muerte también se define como espacio, por lo que con ambas lecturas evitamos crear un espacio entre un Shabat y el siguiente. Así impedimos que pasen tres días consecutivos (correspondientes al Sistema de Tres Columnas) sin establecer una conexión con la *Torá*. Si no lo hiciéramos, el Sistema de Tres Columnas trabajaría en nuestra contra creando una estructura completa de espacio que nos desconectaría de la fuente de la Luz.

parte cuatro
ciclo mensual

Cabeza de Mes (*Rosh Jódesh*)

Si plantas una semilla de manzana defectuosa, puedes estar seguro de que el resultado será un manzano defectuoso, pues la calidad de la semilla determina la calidad y la salud del árbol.

Cada nuevo comienzo, incluyendo cada principio de mes, es como el nacimiento de un nuevo árbol, y todas las experiencias durante ese mes pueden igualarse a las ramas, así como equivalen a los frutos los resultados del trabajo que realicemos. Todos queremos asegurarnos de que los frutos de nuestro trabajo, en términos de felicidad, plenitud y éxito, sean abundantes y de la más alta calidad. Por lo tanto, es importante saber que todo nuestro mes depende de la calidad de las semillas que hayamos sembrado.

Los kabbalistas revelaron que cada mes contiene una semilla. Esa semilla es el primer día del mes, conocido como Cabeza de Mes (*Rosh Jódesh*). Cuando tomamos el control del día que encabeza el mes y plantamos una semilla de calidad, logramos controlar los siguientes veintinueve días para obtener un mes de gran calidad y espiritualmente exitoso.

Los doce meses del año tiene una correspondencia directa con los doces signos del Zodíaco. Cada signo contiene influencias negativas y positivas. La conexión de *Rosh Jódesh* nos brinda la oportunidad de conectarnos con las influencias positivas del mes a fin de resistir, superar y transformar las influencias negativas. Realizamos esta conexión y alcanzamos este poder mediante el acceso a los componentes básicos de la Creación.

Los componentes básicos

Ya hemos aprendido que, así como diversas combinaciones de energía y materia conforman el mundo entero, las letras hebreas son los componentes básicos que, en sus diversas configuraciones, conforman el universo espiritual y material. Cada letra es expresión de una fuerza cósmica particular, imbuida de la inteligencia y la conciencia que crean y sostienen el cosmos. Con la meditación consciente en las letras hebreas, obtenemos el control sobre las fuerzas metafísicas que prevalecen durante cada uno de los doce meses. Hace aproximadamente cuatro mil años, Avraham el Patriarca reveló en el *Sefer Yetsirá* (*Libro de la Formación*) las combinaciones de letras que, como el ADN, producen y controlan las influencias astrológicas de los doce meses y los doce signos del Zodíaco. La simple meditación de estos códigos de ADN de dos letras para cada mes, combinada con una lectura especial de la *Torá*, nos da el poder para controlar el mes y todas sus influencias.

A continuación encontrarás las letras que rigen cada mes.

Escorpio	Aries	Piscis	Sagitario	Acuario	Capricornio
Mar-Heshván	Nisán	Adar	Kislev	Shevat	Tevet
דּגּ	דּה	קּגּ	סּגּ	צּבּ	עּבּ

Cáncer	Virgo	Géminis	Libra	Tauro	Leo
Tamuz	Elul	Siván	Tishrei	Iyar	Av
וּזּת	רּי	רּו	פּל	פּו	כּט

← Dirección de escaneo

Bendición de la Luna Nueva

La Tierra está gobernada por el ciclo mensual de la Luna. Cada mes, los kabbalistas bendicen la Luna, usualmente siete días después de *Rosh Jódesh*. Bendiciendo activamente la Luna en hebreo, obtenemos el control sobre ella. La Luna no tiene luz propia, sino que recibe la luz del Sol. Nosotros somos como la Luna, puesto que recibimos del Creador toda nuestra Luz. Así pues, esta bendición nos permite elevarnos sobre todas las influencias negativas que emanan del cuerpo lunar. Además, al inyectar en la Luna (y en toda la humanidad) la capacidad de transformar el Deseo de Recibir (representado por la Luna) en *Deseo de Recibir con el Propósito de Compartir*, la bendición de la Luna acelera en el mundo la llegada de la paz y la inmortalidad.

parte cinco
el ciclo anual

Todo el período de las festividades —*Rosh Hashaná y Yom Kipur, Sucot, Simjat Torá*— es en realidad un proceso destinado a que preparemos nuestra Vasija espiritual para recibir la plenitud total en el año venidero. En ellas se utilizan todos los fundamentos espirituales para permitirnos eliminar la negatividad y crear una Vasija que pueda llenarse de Luz.

La festividad de *Rosh Hashaná*, tradicionalmente conocida como el "Año Nuevo Judío", también ha sido entendida como un momento de juicio en el cual el Creador hace el cómputo de nuestras acciones durante el año anterior. Pero según la Kabbalah, ambas interpretaciones de *Rosh Hashaná* son enteramente inexactas.

La Fuerza que llamamos Dios no preside una corte celestial encargada de decidir quién será perdonado y quién será castigado. Asimismo, *Rosh Hashaná* tiene lugar en el séptimo mes del calendario hebreo, por lo que *no* significa el comienzo de un nuevo año; y tampoco es una festividad que pertenezca a una fe religiosa específica, como el judaísmo.

¿Por qué entonces *Rosh Hashaná* se concibe habitualmente como "Año Nuevo" y como momento de "juicio"?

La corte de la Causa y el Efecto abre la sesión

La ciencia nos ofrece un acercamiento al verdadero significado de *Rosh Hashaná*. Un principio básico de la física, la Tercera Ley de Newton, establece que para cada acción hay una reacción igual y opuesta; para cada Causa hay un Efecto. *Rosh Hashaná* también se basa en esta Ley Universal.

Cuando nos comportamos de manera grosera, despectiva o incivilizada, activamos fuerzas negativas, nos demos o no cuenta de ello. Cuando engañamos, mentimos, robamos o lastimamos a otra persona, una energía negativa cobra vida. Cada vez que perdemos la paciencia, reaccionamos con ira o perdemos los estribos, creamos una fuerza real de oscuridad que se nos adhiere. Estas fuerzas negativas son la causa invisible de todo lo malo que nos ocurre en la vida.

Rosh Hashaná es nuestra oportunidad de regresar y desenterrar esas semillas negativas que hemos sembrado antes que germinen y den sus frutos. Es el tiempo de erradicar toda la energía negativa y todos los bloqueos causados por la conducta egoísta que tuvimos durante el año anterior. En esta fecha especial, el universo se organiza para que las consecuencias de nuestras malas acciones descuidadas, nuestro comportamiento intolerante y las palabras hirientes que proferimos durante los doce meses anteriores vuelvan a nosotros para que podamos repararlas. También tenemos en esta fecha la posibilidad de sembrar una nueva semilla para el año entrante.

El hecho es que, efectivamente, en *Rosh Hashaná* se nos presentan las repercusiones de nuestras acciones, ¡pero para que las juzguemos *nosotros* mismos, no el Creador!

En vez de estar sentados en el banquillo de una corte celestial, nos encontramos sentados como jueces en la corte de la Causa y el Efecto. Cada acción que realizamos durante el año es como un bumerán que lanzamos al universo. Así pues, en cada *Rosh Hashaná*, todos esos bumeranes regresan a nuestra vida, tanto los positivos como *los negativos, todos*. Es importante aclarar, además, que esta experiencia de *Rosh Hashaná* no es exclusiva de ninguna religión. Según los sabios kabbalistas, toda la humanidad comparte en esa fecha una experiencia más intensa de la Causa y el Efecto.

La Kabbalah nos enseña que la realidad es como un espejo. Si te miras al espejo y sonríes, la imagen te devolverá la sonrisa. Si maldecimos al espejo, la imagen nos devolverá la maldición. Dios nunca nos infringe castigos, tampoco nos juzga. Son nuestras propias acciones negativas las que rebotan a nuestra vida como un reflejo del espejo cósmico. Cuando llevamos a cabo un acto negativo en nuestro mundo, el espejo cósmico nos refleja la energía negativa de nuestros actos durante Rosh Hashaná.

Ésta es la razón por la cual la conexión de Rosh Hashaná ocurre durante el signo astrológico de Libra. Libra se representa con una balanza que mide el peso de la energía positiva y la negativa, ambas generadas por nuestras acciones. Somos nosotros —no el Creador— los que controlamos hacia qué lado se inclina la balanza.

Crimen y castigo

Dios no castiga. Debemos repetir esta verdad cuantas veces sea necesario. Dios tampoco recompensa.según la Kabbalah, existe una sola Fuerza, una Fuente de energía divina para todo el cosmos. Esta Fuerza única es sólo buena, positiva e infinitamente misericordiosa. La mayoría de las personas dan a esta fuerza infinita el nombre de "Dios".

Considera lo siguiente. La electricidad enriquece tu vida suministrándote toda la energía que tus electrodomésticos necesitan. Pero esta misma fuerza también puede ser destructiva y perjudicial si metes el dedo en el enchufe. Si lo hicieras, sería absurdo decir que la electricidad te ha "castigado". La electricidad no cambió de naturaleza. De la misma forma, el Creador nunca nos castiga. Somos nosotros los que mediante nuestras acciones egoístas elegimos, consciente o inconscientemente, colocar el dedo en el enchufe.

Siempre tenemos la libertad de elegir cómo reaccionar (o cómo ser proactivos) ante los desafíos de la vida.

Sin embargo, ¿te has dado cuenta de que a pesar de saber que algo es incorrecto, muchas veces elegimos hacerlo de todos modos? Ya sea al perder nuestros estribos, al comer demasiado, al dormir demasiado, al trabajar en exceso, o al reaccionar de forma desmesurada ante el menor contratiempo, muchas veces obedecemos a nuestros impulsos egoístas aunque sabemos que no deberíamos hacerlo. De la misma forma, aun cuando sabemos que algo es correcto, bueno, adecuado o beneficioso para nosotros, muchas veces lo descartamos en favor de la opción negativa. O posponemos la decisión hasta olvidarnos totalmente del asunto. La aplazamos, la retrasamos. Y perdemos el tiempo.

Siempre tenemos la libertad de escoger si realizaremos una acción negativa o una acción positiva. Pero existe una fuerza oscura, peligrosa, que constantemente procura persuadirnos de actuar en forma negativa.

Definamos ahora con precisión el concepto de actividad negativa, lo que nos demostrará cómo inadvertidamente llevamos a cabo malas acciones cada día de nuestra vida.

Crímenes y delitos menores

La actividad negativa puede manifestarse de forma mayor o menor. Por ejemplo, consideremos el asesinato, hablar mal de alguien y el adulterio. Estos son algunos de los "pecados" que, supuestamente, tenemos que expiar en *Rosh Hashaná*. Sin embargo, el kabbalista tiene una perspectiva diferente.

Examinemos primero el *asesinato*. Se puede matar a alguien físicamente, o se puede matar a alguien emocional y espiritualmente. Podemos asesinar a una persona, o podemos asesinar el carácter de una persona. ¿Quién no ha contado chismes acerca de otros? Podemos llegar a destruir las relaciones de un individuo mediante el chismorreo o arruinar su vida engañándolo en los negocios.

La Kabbalah enseña que el pecado de "derramar sangre" no se limita a la violencia física. También se "derrama sangre" cuando avergonzamos o herimos a otra persona, cuando llevamos su sangre a enrojecerle el rostro a causa de la humillación, ya sea por replicar sus palabras bruscamente o por menospreciarlo cuando obramos en forma egoísta desde nuestra propia inseguridad.

Según la Kabbalah, cualquier forma de habladuría, incluso la referida a alguien que no conocemos, es uno de los crímenes más serios que una persona pueda cometer. La palabra hablada tiene grandes poderes. Cuando hablamos mal de otro, no solo dañamos su vida; también nos dañamos a nosotros mismos y al resto del mundo. En *Rosh Hashaná*, estas palabras hirientes regresan para confrontarnos. Puedes negar esto si lo deseas, pero no creer en la ley de gravedad no evitará que te estrelles contra el pavimento si saltas de un rascacielos. Hablar mal de otro es una situación de la que nadie sale ganando, y cada vez que caemos en esta acción, pagamos por ello. Un sabio refrán nos dice: *"La gente debería preocuparse más por lo que sale de su boca que por lo que entra en su boca"*.

Examinemos ahora el pecado de la envidia. La envidia tampoco se limita a codiciar al cónyuge de otro. También uno puede codiciar el negocio, los hijos o las posesiones materiales de otra persona. La envidia y el adulterio sobrevienen cuando no podemos apreciar totalmente lo que tenemos. Esta falta de apreciación tiene lugar cuando vemos nuestras posesiones a través de una lente egocéntrica, cuando creemos que son un reflejo de nuestro ser. Cuando te sientes de esta manera y te enfocas en las posesiones de los demás, los envidias porque crees que si tuvieras lo que ellos tienen, podrías ser más de lo que eres en ese momento. La Kabbalah enseña que, si estás casado, codiciar al cónyuge o a la pareja de otro es una forma de adulterio.

Un alegato

Ahora que entendemos que nuestras acciones negativas tienen verdaderas repercusiones, mayores y menores, es posible que nos veamos tentados a pedir perdón a causa de nuestra previa ignorancia de la Ley de Causa y Efecto. Desafortunadamente, ignorar la ley no es ninguna excusa. Las leyes naturales del universo no pueden violarse sin consecuencias. De nada te sirve alegar que desconoces la ley de la electricidad mientras tocas un cable de alto voltaje.

Sin embargo, también es una ley espiritual del universo que cuando una persona logra un cambio estructural en su propia naturaleza, el universo responde y refleja esa energía de transformación. Luego, la persona puede usar dicha energía para desviar los juicios y modificar su destino.

Lo primero que debemos hacer para lograr un cambio es admitir nuestra culpa.

Debemos aceptar la responsabilidad.

Debemos rendir cuentas por nuestras acciones, especialmente aquellas de las que ni siquiera somos conscientes. Esto es quizás lo más difícil de hacer.

Particularmente durante la conexión de *Rosh Hashaná*, debemos detectar en nosotros la mayor cantidad posible de rasgos negativos e intentar, de corazón y de alma, transformarlos.

Este cambio interno comienza con el toque majestuoso de un cuerno.

El secreto del *Shofar*

Por lo general, la gente piensa que el toque del *Shofar* es una tradición ceremonial, un acto simbólico de conmemoración. Nada más lejos de la realidad. Y si su efecto en nuestras vidas ha sido insignificante, es porque hemos permanecido ignorantes del verdadero propósito del *Shofar*. Dos mil años de dolor y sufrimiento son la evidencia de esta dura verdad. En vez de usarse como lo que es, un asombroso instrumento de energía, el *Shofar* se ha usado como un símbolo sin sentido de una tradición impotente.

El poder del *Shofar* sólo puede expresarse cuando el conocimiento de su verdadero propósito se instaura dentro de nuestras conciencias. Saber *por qué* tocamos el *Shofar* es la energía o corriente eléctrica que lo enciende. ¡El conocimiento le da poder al *Shofar*!

En esencia, el *Shofar* es un arma salida de la Guerra de las Galaxias (no de la película, sino de la iniciativa de defensa estratégica militar de los Estados Unidos en la década de 1980). Los militares imaginaron satélites que, orbitando el planeta, podrían utilizar láser para destruir los misiles lanzados contra los Estados Unidos. En términos espirituales, estos misiles se corresponden con los juicios que van dirigidos hacia nosotros. Más específicamente, su blanco serían los bloqueos incrustados en nuestras almas como resultado del comportamiento egocéntrico que hayamos tenido durante el año anterior.

el camino
del
kabbalista

A diferencia de los satélites láser que derriban misiles, el *Shofar* va más allá y elimina los objetivos. En otras palabras, el *Shofar* destruye todos esos bloqueos de nuestro ser. El sonido que emite el *Shofar* opera como un láser espiritual que disuelve toda la energía negativa que hayamos generado durante los doce meses anteriores, siempre y cuando, por supuesto, nos responsabilicemos de toda nuestra basura interior.

El sonido místico del *Shofar* actúa como un profundo agente de limpieza, como una vibración sónica que penetra cada grieta y rendija de nuestro ser, eliminando los residuos negativos y purificando nuestra alma. Una vez eliminados estos bloqueos, los juicios pierden su blanco y los misiles que se dirigían hacia nosotros ya no tienen adónde ir.

Esto es exactamente lo que el sonido del *Shofar* realiza en los Mundos Superiores. Sin embargo, para que el *Shofar* pueda llevar a cabo su verdadera función, deben darse dos prerrequisitos:

1. Un deseo genuino de cambiar nuestra actitud es una de las fuerzas que activa el poder del *Shofar*. Si no queremos cambiar realmente, el sonido será inútil y no recibiremos ningún beneficio.

2. Si no tenemos plena certeza en los poderes del *Shofar*, nuestras dudas se convierten en una profecía autocumplida, y *Rosh Hashaná* sigue siendo la misma antigua *tradición* que ha sido durante miles de años: una celebración formal, aburrida, poco inspiradora e irrelevante que de alguna forma ha logrado sobrevivir hasta la actualidad.

No se trata de un Año Nuevo

Según la Kabbalah, desde el mes de *Nisán* (Aries) hasta *Tishrei* (Libra) transcurre el aspecto masculino del año o la época en que sembramos las semillas. La segunda mitad del año, el tiempo que sigue a *Rosh Hashaná*, es el aspecto femenino del año, cuando se manifiestan los efectos de nuestras semillas. *Rosh Hashaná* es un regalo que nos permite utilizar la tecnología del *Shofar* para regresar a la creación del mundo —antes de que la negatividad fuera sembrada vida tras vida—, a una época en la que éramos perfectos. De esta manera, si nos hemos transformado sinceramente durante estos dos días, utilizando la tecnología que ponen a nuestra disposición los kabbalistas, podemos entrar limpios y renovados a la segunda mitad del año. Una gran oportunidad, sin duda, que revela la verdadera misericordia del Creador y del sistema espiritual suministrado por la Kabbalah para que todos logremos, por nuestros propios medios, la plenitud completa.

Contrariamente a la creencia popular, *Rosh Hashaná* no es el "Año Nuevo". *Rosh* significa "cabeza", lo cual indica que *Rosh Hashaná* es la cabeza o semilla de un año. La semilla que se siembra en *Rosh Hashaná* germina para convertirse en un árbol al año siguiente. Así como una semilla de manzana engendra un manzano, una semilla negativa engendra un año negativo y una semilla positiva genera un año positivo. De modo que *Rosh Hashaná* no es otra cosa que nuestra oportunidad de escoger la semilla que deseamos sembrar. Cuanto más trabajemos para cambiar y eliminar nuestros rasgos negativos, más energía positiva inyectaremos en la semilla. Entonces la semilla germinará, y nuestro año florecerá con paz y prosperidad, en lugar de caos y conflictos.

Por esta razón, *Rosh Hashaná* se celebra el primer día del mes hebreo de *Tishrei*. Aunque este mes es el séptimo del año en el calendario hebreo, *Tishrei* se conoce como la "cabeza" de todos los meses. Las características del *Shofar* ilustran esta conexión. El *Shofar* es en realidad un cuerno de carnero, tomado de la *cabeza* del carnero. ¿Por qué de un carnero? El carnero es el símbolo de Aries, signo del zodíaco correspondiente al mes de *Nisán*; y *Nisán* en el calendario hebreo representa el Año Nuevo. Entonces, en cierta forma es verdad que nos conectamos con el concepto de un nuevo año en *Rosh Hashaná*, pero lo hacemos al nivel de la semilla.

Resumamos lo que hemos aprendido acerca de *Rosh Hashaná*:

- Durante estos dos días tenemos acceso al poder del *Año Nuevo*, representado por el cuerno de carnero que nos conecta con el signo astrológico de Aries y el mes hebreo de *Nisán*, el verdadero Año Nuevo.

- También tenemos acceso al poder asociado con la *cabeza del año*, representado por el mes hebreo de *Tishrei* y el hecho de que el *Shofar* proviene de la cabeza del carnero.

Unas docenas de toques del *Shofar*, unidos a nuestro sincero esfuerzo de transformar nuestros rasgos negativos, nos otorgan un poder inigualable para ejercer una verdadera influencia en nuestras vidas. Durante *Rosh Hashaná*, controlamos la semilla, la cabeza del año que está por venir. Y nos elevamos sobre la influencia de las estrellas y los planetas.

La paz mundial

Según el *Zóhar*, el planeta entero es un espejo del cuerpo humano, e Israel es la contraparte del corazón humano. Así como el corazón purifica la sangre que nutre el cuerpo, Israel suministra la Luz espiritual para ayudar, nutrir y sanar a todas las naciones del mundo. Si Israel no provee a las naciones su Luz espiritual, las naciones se alzan contra ella, de la misma forma que el cuerpo responde con la enfermedad si la sangre que corre por nuestras venas es tóxica. Ésta es la razón por la cual la tierra de Israel, a pesar de ser pequeña en relación con las demás, ha sido durante miles de años el centro de atención mundial.

Ya hemos aprendido que el esfuerzo sincero por transformar nuestra negatividad puede eliminar los bloqueos de nuestras arterias. Pues bien, en *Rosh Hashaná*, nuestro esfuerzo sincero de transformación se combina con los sonidos del *Shofar* para eliminar las barreras entre Israel y todas las naciones del mundo, abriendo el camino para la paz duradera en el Medio Oriente y para la armonía global.

En otras palabras, la paz no comienza con cenas benéficas, arreglos políticos, guerras, debates intelectuales ni organizaciones que se han designado a sí mismas para representar a las personas. ¡La paz comienza con el hombre que está frente al espejo! La paz personal es lo único que puede causar de forma efectiva la paz mundial. La paz y la salud personales llevan a la paz y la salud globales. Todo está interconectado.

Otro antiguo secreto del *Shofar*

El *Zóhar* afirma que el cuerpo humano es un espejo de las Diez *Sefirot* o las diez dimensiones que constituyen toda la realidad. Cada parte del cuerpo se corresponde con una dimensión o mundo espiritual distinto. Así, dice el *Zóhar*, el esófago equivale a la dimensión de nuestro mundo físico, que es *Maljut*. ¿Por qué esta correspondencia? Porque la comida y el líquido, materiales físicos, viajan por el esófago cada vez que comemos y bebemos.

El *Zóhar* también afirma que la *tráquea* se corresponde con la dimensión conocida como *Biná*, la Realidad del 99 por ciento, una dimensión espiritual tan llena de Luz, alegría y Energía Divina que allí no hay necesidad de alimentos. Recuerda, la tráquea no es más que un conducto de paso del aire; ni la comida ni la bebida que ingerimos pasan por ella. De la misma manera, no hay necesidad de comer ni de beber en *Biná*, ya que la Luz suministra por sí misma más placer y alimento que todo el que la mente humana pueda concebir.

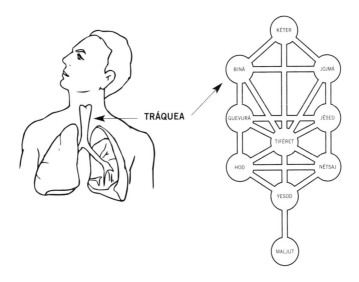

La palabra hebrea para "esófago", *Veshet*, se escribe con las letras *Vav*, *Shin* y *Tet*:

El *Zóhar* explica que cuando somos demasiados autoindulgentes y permitimos que nuestro ego y nuestros deseos egoístas crezcan, la letra *Vav* refleja este crecimiento maligno extendiéndose en longitud, por lo que se convierte en la letra *Nun*.

VESHET
(Esófago)

VAV se extiende para convertirse en NUN

Cuando *Vav* se convierte en *Nun*, las letras que componen la palabra "esófago" (*Veshet*) se reorganizan para crear la palabra *Satán* (*Sin, Tet, Nun*).

(SATÁN)

A medida que nuestro ego crece, a medida que nuestra naturaleza reactiva aumenta y, con ella, nuestros cambios de humor, la letra *Vav* también crece y se convierte en la palabra "esófago". El *Zóhar* dice que cuando nuestros deseos físicos crecen de forma desenfrenada y preferimos el mundo material antes que el espiritual, la fuerza negativa conocida como Satán (también como *espacio o caos*) crece tanto, que vence a "todos los miembros y las arterias" durante los 365 días del año solar. "Esófago" (*Veshet*) se transforma en "Satán", creando caos en nuestra salud, espacio entre los átomos de nuestro cuerpo, conflictos en nuestra carrera profesional, problemas de pareja y pura oscuridad.

Pero existe un recurso para el corazón arrepentido: el *Shofar*. Al igual que la tráquea, el *Shofar* es un tubo por el que solo pasa aire. De la misma forma que la tráquea es la conexión con *Biná*, el toque del *Shofar* también nos conecta con *Biná*, la Realidad del 99 por ciento de Luz. Mediante el poder del *Shofar* en *Rosh Hashaná*, la letra *Nun* de la palabra *Satán* se reduce en tamaño —igual que reducimos nuestro ego en *Rosh Hashaná*— y vuelve a convertirse en *Vav*, permitiendo así que se forme la palabra "esófago" en hebreo. En consecuencia, Satán, el espacio y la fuerza de la muerte se eliminan de nuestras arterias.

Observa la extraña similitud entre la letra *Vav*, el *Shofar* y la tráquea humana:

VAV   *SHOFAR*   **TRÁQUEA**

Yom Kipur

Yom Kipur no es un día de ayuno, luto ni expiación; es un día de banquetes. Durante este día de conexión, participamos en cinco abundantes comidas. Sin embargo, toda la comida que consumimos es de naturaleza espiritual. Recibimos nuestro alimento espiritual desde los niveles más altos de la atmósfera espiritual: el reino de *Biná*. Es el sustento que necesitamos para poder gozar de plenitud, salud, riqueza y familia durante los siguientes doce meses.

Ahora bien, para que nuestra alma alcance la altura espiritual conocida como *Biná*, debemos literalmente conectar a tierra la conciencia de nuestro cuerpo, de modo que el alma pueda liberarse de su atadura corporal y elevarse hasta las alturas más sublimes para alcanzar la unidad con *Biná*. Éste es el verdadero significado de la palabra "expiación". Expiación significa literalmente *en unidad o unicidad*.

En *Yom Kipur*, disponemos de un plazo para conectarnos con toda esa Luz: desde la puesta del sol hasta la siguiente puesta del sol. En este lapso de tiempo, no comemos, no bebemos, no tenemos sexo, no nos lavamos ni usamos perfumes, lociones ni ropa de cuero. De este modo, reducimos la influencia del cuerpo todo lo posible para que nuestro verdadero ser (nuestra conciencia y nuestra alma) acceda con éxito a *Biná* y se nutra con los cinco banquetes de Luz. Cabe añadir que estas cinco comidas se transfieren a nosotros en virtud de los rezos-conexiones en hebreo y arameo, así como por las lecturas de la Torá que tienen lugar durante *Yom Kipur*.

El otro aspecto vital de *Yom Kipur* es la cancelación de las promesas, lo que comúnmente se conoce como *Kol Nidrei*. En los círculos tradicionales, las personas se acercan a escuchar esta "oración" que se recita en arameo sin comprender que se trata de una conexión que destruye todos los espacios creados entre nosotros a causa de compromisos que no hemos cumplido. Cada vez que hacemos una promesa, creamos una Vasija. Si cumplimos la promesa, esa Vasija se llena de Luz; pero si no lo hacemos, queda vacía. Los espacios vacíos se llenan de oscuridad, por lo que cuanto mayor sea nuestro número de promesas no cumplidas, mayor será en nosotros la oscuridad. Casi todo el caos que hay en nuestras vidas es resultado del espacio creado por las promesas que no hemos cumplido. Por ejemplo, prometer que sacaremos la basura y después no hacerlo es una promesa no cumplida.

En *Yom Kipur*, todas las vasijas vacías, producto de promesas incumplidas y pactos rotos, penden sobre nuestras cabezas. Para asegurarnos de que los siguientes doce meses no contengan vacío ni oscuridad, *Yom Kipur* deshace los efectos de esas promesas incumplidas, llenando los espacios vacíos con energía de modo que la oscuridad y la fuerza llamada Satán no puedan entrar. Consiguientemente, nos elevamos al estado de *Biná* y nos purificamos por completo. El Rav una vez dijo que en *Yom Kipur* todo el mundo se purifica, no solo aquellos que observan la festividad. Así de intensa es la energía de este día. No hay Satán en *Yom Kipur*, porque todo el mundo se eleva a la Sefirá de *Biná* como si se encontrara en una *mikvé*, inmerso en Luz. Pero al igual que cuando nos sumergimos físicamente en una *mikvé*, si no somos conscientes de lo que debemos hacer para conectarnos con esta asombrosa Luz, si todavía continuamos respondiendo de forma automática movidos por los impulsos de nuestra memoria —aunque Satán esté ausente— perderemos toda la Luz en la que nos hemos sumergido.

La conexión con los pollos (*Kaparot*)

En mitad de la noche, el día anterior a *Yom Kipur*, un kabbalista toma un pollo y lleva a cabo lo que se conoce como *Kaparot*: sostiene el pollo sobre su cabeza y lo rota en sentido contrario a las manecillas del reloj, mientras recita una bendición. Este movimiento transfiere al pollo la energía del kabbalista. Todas las acciones negativas realizadas durante el año se encuentran ahora en el pollo. Después de que el ritual se haya completado, se sacrifica al pollo y se entrega como donativo para alimentar a los pobres. Los padres con niños menores de trece años realizan esta acción en nombre de los niños.

Para el pollo, el sacrificio se considera una acción "sagrada" porque eleva la chispa de Luz del pollo al siguiente nivel.

Sucot

Es la festividad de siete días que sigue a *Yom Kipur*. Cada uno de los siete días nos conecta con una de las siete dimensiones (*Sefirot*) que afectan directamente nuestra realidad. Durante la conexión de *Sucot*, recibimos lo que los kabbalistas llaman Luz Circundante y Luz Interior para todo el año siguiente. La Luz Circundante nos ayuda desde el exterior a expandir nuestra capacidad espiritual para contener más Luz y lograr nuestro máximo potencial espiritual para el próximo año. La Luz Interior protege nuestra Luz innata desde el interior, a la vez que nos empuja a expandir nuestra Vasija para que podamos contener más Luz Circundante.

Durante los siete días de *Sucot*, es como si la caja fuerte de un banco espiritual de Luz Circundante y Luz Interior se abriera para permitirnos tomar la mayor cantidad posible de esa energía. Ello se logra permaneciendo el máximo tiempo posible en la *Sucá*, así como efectuando la mayor cantidad posible de conexiones espirituales. La *Sucá* es una estructura temporal construida conforme a requerimientos específicos para que tenga la capacidad de actuar como generador de energía espiritual. Con el simple acto de sentarnos, dormir y comer en la *Sucá*, el cuerpo y el alma se nutren de suficiente Luz Circundante y Luz Interior como para que duren todo el año venidero. En términos de poder y energía, sentarse dentro de la *Suca* es como sentarse dentro del Templo original de Jerusalén, el antiguo generador de energía del mundo entero.

Regocijándonos con la Torá (*Simjat Torá*)

Ahora que hemos sembrado nuestra semilla para todo el año en *Rosh Hashaná*, que en *Yom Kipur* hemos cancelado nuestras promesas y nos hemos alimentado con las cinco comidas que nos darán energía para el próximo año, y en *Sucot* nos hemos asegurado la mayor cantidad posible de Luz Circundante y Luz Interior para los próximos nueve meses, el último objetivo es capturar tanta felicidad y alegría como podamos. He aquí el propósito de la conexión conocida como *Simjat Torá*.

Esta conexión tiene lugar el último día de Sucot, cuando las mujeres y los hombres literalmente danzan con la Torá con tanta alegría y felicidad como les sea posible. Y lo hacen así porque cuanta más alegría expresemos durante esa jornada, mayor será la alegría que lograremos atraer a nuestra vida. Cuanta más alegría expresemos, más llena estará nuestra cuenta en el Banco de la Alegría al año siguiente. Durante *Simjat Torá* se lleva a cabo una lectura de la Torá, así como diversos rezos-conexiones; pero la característica principal es el ambiente de fiesta, dentro del cual el canto y la danza con la Torá se convierten en la tecnología dominante para garantizar la felicidad del año que vendrá.

Jánuca

Desde el punto de vista kabbalístico, *Jánuca* es el momento del año en que la energía espiritual del milagro se libera en el universo. Esta energía de los milagros puede aprovecharse para producir *milagros* en nuestras propias vidas. *Jánuca* no tiene nada que ver con la conmemoración de un milagro histórico ni con ningún otro elemento de la tradición. *Jánuca* es tecnología, lisa y llanamente. Al encender las velas e implementar algunas otras prácticas kabbalísticas, conectamos nuestras almas con la energía de los milagros que prevalece en el cosmos durante los ocho días de este profundo evento. Los kabbalistas también nos dicen que *Jánuca* es como un mini-*Rosh Hashaná* que nos permite redimir cualquier deuda espiritual que hayamos omitido durante *Rosh Hashaná*. Afortunadamente, el universo se ha construido para darnos la oportunidad constante de corregir todas las malas acciones que hemos cometido de forma consciente o inconsciente.

El año nuevo de los árboles (*Tu Bishvat*)

Desde la perspectiva kabbalística, los árboles son tan importantes en esta Tierra, que la Biblia ha designado un calendario solamente para ellos. El año nuevo de los árboles es una verdadera festividad o, tal como lo entendemos kabbalísticamente, un día de conexión. Esta fiesta tiene lugar el decimoquinto día del mes hebreo de Acuario (*Shevat*), fecha en la cual los árboles y nuestro entorno reciben su alimento espiritual para todo el año. Este es el momento en el que cuidamos de nuestro medio ambiente espiritualmente.

Para la humanidad, este día representa una oportunidad para conectarse con la conciencia de los árboles. Podemos beneficiarnos de esta conexión porque los árboles encarnan tal conciencia, inteligencia y energía, que pueden elevarse a asombrosas alturas pese a la fuerza de gravedad. Según la Kabbalah, la gravedad es una fuerza que nos hace *tomar* sin compartir, una fuerza propia de la Columna Izquierda de puro recibir. Plantar un árbol, así como comer la fruta de un árbol durante el día del *Año nuevo de los árboles*, nos instila el poder y la fortaleza para resistirnos y elevarnos por encima de nuestra propia fuerza de la gravedad (el ego), la conciencia limitada que pierde de vista la totalidad y solo se ve a sí misma. Así pues, los árboles no sólo nos ayudan a nivel medioambiental, sino que al comer de sus frutos el día de su Año Nuevo, también comparten con nosotros su singular conciencia.

Purim

Purim proviene en realidad de la expresión *Yom Kipurim*, que es el nombre correcto de *Yom Kipur*. En español, *Yom Kipurim* básicamente significa "casi como *Purim*". La mayoría de la gente piensa erróneamente que *Yom Kipur* es el día más elevado o más sagrado del año, pero no lo es. El nombre mismo del evento nos dice que es casi como *Purim*. Un secreto asombroso emerge de esta definición: *Purim* es una conexión más elevada con la Luz de la Realidad del 99 por ciento.

Purim encarna la esencia del tiempo del Mesías: el Cielo en la Tierra. Durante la conexión de *Purim*, leemos del Rollo bíblico de Ester. Después, todos nos emborrachamos hasta el punto de quedar fuera del juicio intelectual, así imitamos el reino de la verdadera realidad, en el que no hay necesidad de discriminar porque sólo existe lo bueno. Cuando bebemos hasta perder la conciencia racional, nuestra conciencia se eleva por encima del reino del *conocimiento* y alcanza la dimensión espiritual que los kabbalistas llaman *la nada o el infinito*, donde la existencia entera es un todo indiferenciado. En este reino, la oscuridad y todos los rasgos negativos se revierten a su estado no diferenciado de bondad. *Purim* nos brinda la oportunidad de experimentar tal estado y de transformar todos nuestros rasgos reactivos, ansiedades y miedos en cualidades positivas de amor, coraje, paz interior y amor incondicional por los demás. Los kabbalistas nos dicen que cuando llegue el Mesías, la única festividad que permanecerá es *Purim*.

Durante *Purim*, todos se reúnen en una mascarada como parte de los festejos. Una de las razones para disfrazarse, muy profunda, radica en el concepto de Dios y la fuerza llamada Satán. Considera por un momento lo siguiente: si para servir a Dios uno tiene que creer en Él, un ateo nunca seguirá las instrucciones de Dios. No obstante, no hacer falta creer en la existencia de Satán para ser su servidor. De hecho, lo contrario es cierto: si creyéramos en la existencia de Satán, *nunca* le serviríamos. Por lo tanto, nuestra incredulidad es lo que fortalece a Satán.

Los kabbalistas nos dicen que la esencia primordial de Satán es la duda. Su sola presencia irradia duda y escepticismo. Cuanto más nos acercamos a él, mayor se vuelve nuestra duda, especialmente en lo concerniente a su existencia. Y es este mecanismo de defensa tan efectivo el que facilita tanto su tarea. La única razón por la que llegamos a herir a otras personas es nuestro desconocimiento de que es Satán (el ego) quien está motivando nuestro comportamiento y el de las personas que nos irritan.

Los kabbalistas son muy claros al respecto: la inmortalidad y la paz mundial sólo se alcanzarán cuando determinada cantidad de personas reconozcan la fuerza oculta que Satán ejerce en sus vidas. La verdad es que no vinimos a este mundo a *derrotar* a Satán; el simple hecho de *descubrirlo* ya es suficiente. Una vez que sepamos que él es la única causa de nuestros problemas, solicitaremos automáticamente a la Luz del Creador que lo haga desaparecer y, entonces, será destruido.

Ésta es la razón por la cual superar la duda es la tarea más importante y desafiante en la vida. La primera vez que escuchamos que Satán existe como una fuerza potente del universo —y que en realidad Satán es nuestro ego, y que nuestro ego no forma parte de nuestro verdadero ser, sino que existe al margen de nosotros—

dudamos de estas afirmaciones; de esta forma, Satán y el ego se fortalecen. Pero el ego tiene una existencia independiente a la nuestra, es como un disfraz. Podemos ponérnoslo o sacárnoslo siempre que lo deseemos, pero sólo si sabemos que es un mero disfraz y no una parte integral de nuestro ser.

Ésta es una de las razones por las que nos disfrazamos en *Purim*. Al hacerlo, estamos admitiendo la existencia del ego y mostrándolo de forma simbólica a través de un disfraz, en vez de protegerlo y esconderlo. En una fiesta de disfraces, todos sabemos que las personas no son quienes aparentan ser. Pero en la vida, cuando alguien nos molesta, no reconocemos que es su disfraz —el ego o Satán— quien está motivando al individuo. Muy pocas veces reconocemos los disfraces que utilizan nuestros enemigos, o nuestros amigos, o incluso nosotros mismos.

Por eso nos tomamos todo tan a pecho en la vida y juzgamos a los demás tan duramente. No vemos que es Satán el que incita nuestro comportamiento o el de nuestros enemigos, por lo que continuamos discutiendo, peleando y vertiendo más oscuridad en el mundo. Si pudiéramos ver cómo la mano del Adversario afecta las acciones de todos los combatientes, ayudaríamos a nuestros enemigos y los amaríamos incondicionalmente. Por eso el arma más importante del Adversario es nuestra incredulidad sobre su existencia. Mientras no reconozcamos su presencia e influencia, tendrá vía libre para crear caos en nuestros asuntos.

En *Purim* se nos otorga una comprensión poderosa de la realidad verdadera. Cuando estamos ebrios, danzando y festejando felizmente, sentimos un gran amor por todos. Los disfraces nos recuerdan que ese estado de existencia satisfactoria puede ser nuestro para siempre si comenzamos a reconocer que somos más de lo que aparentamos ser. En el momento en que Satán ya no esté oculto, el mundo se transformará y el Mesías llegará.

¡Éste es el verdadero mensaje y el poder de *Purim*!

La conexión de *Pésaj*

La historia tradicional de *Pésaj* (Pascua) cuenta la esclavitud, el exilio y finalmente la libertad de los Israelitas que escaparon de Egipto. Tradicionalmente, dicha esclavitud ha sido descrita como un trabajo brutalmente duro y controlado por crueles supervisores que blandían látigos. Sin embargo, los antiguos kabbalistas revelaron algunos hechos interesantes que han sido mayormente omitidos por casi todos los rabinos, sacerdotes y eruditos.

En un nivel literal, la historia de *Pésaj* cuenta que los Israelitas estuvieron bajo el dominio egipcio durante cuatrocientos años, como cautivos de crueles faraones que gobernaban Egipto. Entonces Dios envió a un gran líder llamado Moisés para liberarlos; Moisés condujo a los Israelitas fuera de Egipto y los guió en una larga y ardua travesía que comenzó con la famosa división del Mar Rojo. Por fin, los Israelitas llegaron al Monte Sinaí, donde tenían una cita con el destino.

Pero aquí llega la parte interesante: los Israelitas saborean por primera vez la libertad tras siglos de esclavitud, y sin embargo, en el momento en que ingresan en el desierto caluroso y seco comienzan a quejarse. ¡Incluso le piden a Moisés que los lleve de regreso a Egipto! ¿Realmente debemos creer que los Israelitas se encontraban bien en Egipto? ¿Era la vida en el desierto peor que aquella esclavitud?

el camino
del
kabbalista

Algo falla en esta historia. Literalmente no tiene mucho sentido. Sin embargo, año tras año, esta historia dudosa se vuelve a contar una y otra vez en la festividad conocida como *Pésaj*.

El venerado Kabbalista Rav Isaac Luria (también conocido como el Arí) observó las mismas discrepancias, se hizo las mismas preguntas y descubrió algunas respuestas bastante iluminadoras.

Descifrando el código

El Arí reveló que toda la historia bíblica está codificada. "Egipto" es la palabra del código bíblico que representa el ego humano, la naturaleza incesablemente reactiva y egoísta de la humanidad. Egipto es todo aquel aspecto de nuestra naturaleza que nos controla. Es la relación amo-esclavo más ancestral de la Creación. Y toma muchas formas:

- Somos prisioneros de los aspectos basados en el ego de nuestra existencia material.

- Somos cautivos de nuestros caprichos reactivos y deseos egocéntricos.

- Estamos sometidos a nuestros impulsos descontrolados.

- Vivimos cautivos de nuestras carreras, empleos y relaciones superficiales.

- Somos prisioneros de las opiniones de los demás.

- Nos dejamos encarcelar por la necesidad de nuestro ego de ser aceptado por los demás.

- Somos rehenes de la necesidad constante de superar a nuestros amigos.

En definitiva, nuestro ego es el verdadero amo; y tan bien hace su trabajo que ni siquiera nos damos cuenta de que somos sus esclavos.

Responsabilidad

Mientras eran esclavos en Egipto, los Israelitas no tenían ninguna responsabilidad sobre su propia vida. Podían continuar siendo víctimas. No tenían que aceptar la culpa por el sufrimiento que experimentaban. Y, ciertamente, es mucho más fácil ser víctima —un esclavo— que asumir la responsabilidad por los problemas en la vida.

La verdadera esclavitud en Egipto era la *posición de víctima*. El éxodo dio a los Israelitas la auténtica libertad y el control sobre su propio destino. Pero la libertad conlleva responsabilidad, y eso resultó incómodo a quienes habían vivido como esclavos durante siglos. Éste es el significado espiritual oculto tras las quejas de los Israelitas y su deseo de regresar a Egipto. Era mucho más fácil para ellos ser esclavos y echar la culpa de todo a los egipcios. De esa forma, los hechos o situaciones negativas que los afectaban simplemente estaban fuera de su control.

Pero la verdad es que no hay ningún hecho o situación que escape a nuestro control. No obstante, nuestra naturaleza reactiva no nos deja ver esta libertad. Si pudiéramos aceptar esta responsabilidad, podríamos tener el poder de la libertad y el control sobre el cosmos.

La abstención del pan

Durante los ocho días de *Pésaj*, el pan normal se reemplaza por la *matzá*, un pan ácimo (hecho sin levadura). Los kabbalistas nos enseñan que el pan es una herramienta muy poderosa, pues funciona como una antena que transmite energía espiritual, lo cual explica su uso en los rituales de tantas religiones.

La Kabbalah afirma que el pan también está vinculado metafísicamente con el ego humano. De la misma forma que el pan tiene el poder de expandirse y elevarse, nuestros egos también tienen la habilidad de expandirse, motivándonos a elevarnos a grandes alturas en el mundo material.

Como la *matzá* no contiene levadura, es un pan sin ego, un pan al que se le ha quitado su naturaleza egoísta. Al comer *matzá* con la meditación e intenciones kabbalísticas adecuadas, recibimos el poder de desconectar nuestro ego. De esta forma podemos liberarnos de la esclavitud y elevarnos a grandes alturas espirituales.

El pan también atrae una sorprendente cantidad de energía al hogar. Por esta razón no se come siquiera una miga de pan con levadura durante *Pésaj*, cuando la infusión de esta energía alcanza niveles inimaginables. Considera el siguiente ejemplo: estás conduciendo un automóvil a treinta millas por hora; si bajaras la ventanilla, el cambio repentino de la presión de aire sería mínimo. Todavía podrías controlar el vehículo. Sin embargo, si estás volando en un 747 a 500 millas por hora, la fisura más pequeña en una ventanilla podría hacer que el avión perdiera el control. *Pésaj* es como volar a la velocidad de la luz, así de intensa es la Luz de la libertad. Aun la más pequeña miga de pan en el sistema crearía una fisura en tu ventanilla espiritual, enviándote a ti y a tu comportamiento reactivo hacia una colisión segura con el caos durante todo el año siguiente.

Las diez plagas

La historia bíblica cuenta que diez plagas se desencadenaron sobre Egipto cuando Moisés intentaba asegurar la libertad de los Israelitas. Los antiguos kabbalistas explican que las diez plagas de este episodio significan en realidad las diez olas de energía necesarias para eliminar los diez niveles de negatividad que moran en la naturaleza humana. Los kabbalistas también han observado que la realidad se compone de diez dimensiones, cada una de las cuales se expresa en nuestra propia estructura espiritual. Una de las implicaciones de este principio es que nuestros egos se corresponden con diez niveles de negatividad espiritual. Una vez que eliminamos los diez niveles de la negatividad, alcanzamos la auténtica liberación del ego y del yo.

Puedes encontrar la revelación de todos los secretos y misterios de los rituales de *Pésaj* en el libro *The Kabbalah Connection* (La conexión de la Kabbalah).

El código de tiempo

Según el calendario hebreo, la primera noche de *Pésaj* abre una oportunidad única en el universo. La puerta de la prisión se abre de repente, y tenemos la oportunidad de escapar de la cárcel de nuestro ego, nuestros miedos y nuestras inseguridades. Esta abertura se creó en realidad hace aproximadamente 3.300 años, cuando los Israelitas se liberaron de su condición de esclavos. Los Israelitas en Egipto fueron liberados con un único propósito: crear una reserva de energía para todas las generaciones futuras, a fin de que toda la humanidad pudiera acceder al poder de la libertad en sus propias vidas.

La física moderna nos confirma que la energía nunca se destruye. De hecho, la misma energía espiritual de libertad que fue puesta a disposición de los Israelitas hace tanto tiempo vuelve cada año en la noche de *Pésaj*. Esto sucede porque el tiempo es como una rueda giratoria. Los acontecimientos no se suceden como un tren que marcha en línea recta, sino que cada año volvemos a vivir esos momentos a medida que la rueda del tiempo va girando. Lo único que cambia de un año a otro es la decoración, el escenario, que nos dan la ilusión de estar viviendo un nuevo año y una vida diferente.

Cuando llega *Pésaj*, esa antigua energía de libertad vuelve a estar a nuestra disposición. Todo lo que debemos hacer es conectarnos con ella.

Los cuarenta y nueve días del *Ómer*

Inmediatamente después de la primera noche de *Pésaj*, el kabbalista comienza a contar el *Ómer*, periodo de cuarenta y nueve días durante los cuales nuestro ser construye una Vasija para que podamos recibir la Luz de la Inmortalidad. Esta Luz se revela después del conteo, durante la conexión conocida como *Shavuot*. El número cuarenta y nueve está tomado de las siete *Sefirot* (que corresponden a las siete semanas) y sus siete subdivisiones (los días de la semana). Cuando construimos una Vasija durante el Conteo del *Ómer*, también nos ganamos la Luz que recibimos en *Pésaj*. La Luz de la Libertad que capturamos en *Pésaj* se considera un regalo, y al contar el *Ómer* estamos construyendo la Vasija para conservarlo.

Durante el *Ómer* hay muy poca Luz espiritual disponible en el cosmos; de ahí que pueda percibirse un cambio notorio comparado con *Pésaj*, que ofrece una intensa infusión de energía. La palabra *Ómer* significa "preciso y poco", lo cual indica la escasez de energía espiritual durante esos cuarenta y nueve días. Por esta razón, los kabbalistas no se afeitan ni se cortan el cabello en este periodo. Como ya hemos comentado, el cabello es una poderosa antena que atrae energía. Por lo tanto, durante el *Ómer* nos dejamos el cabello tan largo como nos sea posible, para poder capturar las pocas chispas de Luz que están disponibles durante ese tiempo.

El trigésimo tercer día del *Ómer* (*Lag BaÓmer*)

A pesar de que el *Ómer* es un tiempo de Luz disminuida, hay un día en ese periodo que es extremadamente poderoso. El trigésimo tercer día del *Ómer* es uno de los más poderosos e importantes del año; sin embargo, sigue siendo una de las conexiones menos conocidas de todas las que están a nuestra disposición a lo largo del año.

El trigésimo tercer día del *Ómer* es aquel en el cual el Kabbalista Rav Shimón Bar Yojái dejó esta realidad física. Rav Shimón Bar Yojái, una de las almas más grandiosas que han transitado esta tierra, es el autor del *Zóhar*. La Kabbalah nos enseña que el día de su muerte es importante porque el día en el que las personas dejan este mundo, toda la energía espiritual y la Luz que revelaron durante sus vidas se libera al cosmos. En el caso de Rav Shimón Bar Yójai, él reveló nada menos que la Luz del *Zóhar*, el cual, tal como hemos aprendido, encarna toda la Luz de la Inmortalidad que se perdió en el Monte Sinaí. Esto significa que el día en que Rav Shimón abandonó este mundo, toda la Luz de la Revelación se liberó nuevamente al cosmos.

Los kabbalistas también dicen que la acumulación de energía generada por una persona durante su vida está disponible cada año en el aniversario de su muerte. Por lo tanto, el trigésimo tercer día del *Ómer* nos ofrece nada menos que todo el poder de la Revelación del Monte Sinaí y, en consecuencia, el poder de la Inmortalidad.

Al tratarse de un día tremendamente poderoso, la fuerza llamada Satán ha disminuido su importancia, de forma que el 99 por ciento del mundo ignore su existencia. Es una ley universal que si un individuo no sabe cuándo se libera en el universo una porción de energía o de Luz, no puede obtener beneficio de ella. Por eso Satán ha trabajado tan arduamente para mantener en secreto este día y su verdadera importancia.

La revelación (*Shavuot*)

Transcurridos los cuarenta y nueve días del *Ómer*, llega la conexión de Shavuot, que es el día en que Moisés y los Israelitas experimentaron la Revelación del Monte Sinaí hace treinta y cuatro siglos. Cada año en esta fecha, la Revelación completa regresa al cosmos en estado potencial. Durante esta conexión, el kabbalista permanece despierto toda la noche leyendo versos de cada sección de la Torá, seleccionados según lo prescrito por el célebre Kabbalista Rav Isaac Luria (el Arí). Esta acción, junto con otros rezos-conexiones, sirve para activar y encender la Luz de la Inmortalidad.

Como ya hemos mencionado, según el *Zóhar* dormir equivale a una sesentava parte de la muerte. Al luchar y vencer el deseo de dormir del cuerpo, estamos dominando al Ángel de la Muerte y liberando las fuerzas de la Inmortalidad en el mundo. Los kabbalistas nos dicen que quien logra mantenerse despierto toda la noche de Shavuot tiene garantizada la vida hasta el próximo *Rosh Hashaná*.

El noveno día de *Av*

Hace aproximadamente 2.500 años, los babilonios destruyeron el Templo Sagrado de Jerusalén. La fecha de la destrucción fue el noveno día del mes hebreo de Av.

Hace 2.000 años, los romanos destruyeron el Segundo Templo de Jerusalén. Toda la ciudad fue saqueada, y tan grande fue la matanza que las calles de adoquín estaban cubiertas de sangre hasta la altura de las rodillas. La fecha de la destrucción y la masacre fue el noveno día de Av.

En 1096, el Papa Urbano II lanzó las Cruzadas, en las que murieron miles de judíos y musulmanes. La fecha fue el 9 de Av.

En 1290, el Rey Eduardo I expulsó a los judíos de Inglaterra. El día fue el 9 de Av.

En 1492, los judíos fueron expulsados de España. La fecha límite para la expulsión o la muerte que estableció el Rey Fernando fue el 9 de Av. Se suponía que ese día Cristóbal Colón debía zarpar hacia el Nuevo Mundo, pero hizo que su tripulación permaneciera sentada todo el día en el barco, esperando que ese día pasara. Colón emprendió el viaje el décimo día de Av.

El 1 de agosto de 1914, Alemania declaró la guerra a Rusia, lo cual inició oficialmente la Primera Guerra Mundial. La fecha fue el noveno día de Av.

El nazi Heinrich Himmler presentó el plan para el genocidio judío europeo y la Solución Final el noveno día de Av.

el camino del kabbalista

Los kabbalistas nos dicen que el noveno día de Av es el día en que la fuerza llamada Satán (nuestro Adversario) gobierna durante veinticuatro horas. Recuerda que Satán no es un demonio, sino una fuerza negativa de conciencia cuya única naturaleza es recibir y fomentar el caos, el egoísmo y el espacio. Esta entidad adversaria, fuente del ego humano, se creó para poner a prueba y desafiar a la humanidad de forma que su transformación de seres egoístas a seres desinteresados fuera difícil y desafiante, asegurándonos con ello que pudiéramos ganarnos nuestro lugar en el paraíso.

Tenemos el libre albedrío para complacer o resistirnos a los deseos egocéntricos e impulsos reactivos que se disparan en nuestro interior las veinticuatro horas del día. Cuando permitimos que esta fuerza reactiva gobierne nuestra conciencia, creamos un espacio entre nosotros y los demás, lo cual a su vez crea espacio y desconexión entre nosotros y el Mundo de la Luz. Nuestro comportamiento individual y colectivo determina cuánta oscuridad y destrucción penetra en nuestras vidas y en el mundo. Si escogemos satisfacer nuestros deseos egoístas, el resultado final puede ser la gran destrucción.

En el noveno día de *Av*, la fuerza de Satán tiene el dominio total sobre el universo. Es el día en que Satán intenta entrar en nuestro cuerpo y nuestra mente. Por esta razón, el 9 de *Av* ayunamos durante las veinticuatro horas. Nos abstenemos de toda comida y bebida, pues en ese día están manchadas con su energía. También leemos fragmentos del antiguo rollo bíblico de las Lamentaciones (*Megilat Eijá*), donde el profeta Jeremías narra la historia de la destrucción del Templo. ¿Por qué hablar de destrucción precisamente en el día más destructivo de la historia? La lectura del rollo funciona como una vacuna contra la misma enfermedad que causó originalmente la destrucción.

Si leemos este rollo y ayunamos, nos mantendremos completamente separados de la fuerza y la conciencia de Satán. Esto nos otorgará el poder y la habilidad de derrotar esta conciencia reactiva durante todo el año. Y, cuando se lleva a cabo adecuadamente, la tecnología diseñada para este día se nos da la capacidad de erradicar a Satán de la existencia humana de una vez por todas.

Los kabbalistas afirman que este día monumental de destrucción es también el día en que nacerá el Mesías (*Mashíaj*). De la más grande oscuridad emergerá el mayor rayo de Luz. El Mesías no es una persona que vendrá a salvarnos, sino que se trata de un estado de conciencia global que liberará a la humanidad de todas las formas reactivas de pensamiento. Tal estado de conciencia nos permitirá lograr la libertad personal y la felicidad eternas. Cuando una masa crítica de personas alcance este estado interno del Mesías, esta conciencia gobernará toda la humanidad y la inmortalidad y el placer eterno serán la nueva realidad. Una figura mesiánica global llegará como señal —no como salvador— y rúbrica de que la humanidad finalmente ha llegado a su objetivo primordial: la creación del cielo en la Tierra.

La conexión de amor (*Tu BeAv*)

En el décimo quinto día del mes hebreo de *Av* (el signo astrológico de Leo), la energía de las almas gemelas y del amor impregna el cosmos. Realizar una conexión en este día nos ayuda a atraer a nuestra verdadera alma gemela, o a fortalecer nuestras relaciones existentes. Todas las formas de amor: almas gemelas, amigos, padres, hijos, hermanos o similares, se fortalecen en este poderoso día.

el camino del kabbalista

Rav Yehuda Brandwein, el conocido Kabbalista que fue maestro de mi padre, dijo que durante ese día el Sol y la Luna se igualan en Luz y brillan juntos. Ésta es una declaración muy profunda en varios niveles. Todo lo que percibimos en esta realidad física es un reflejo de la realidad espiritual. El Sol, la Luna, las estrellas, las montañas, los océanos y los siete continentes son meras sombras y reflejos de las fuerzas de la conciencia que están en la realidad espiritual. El Sol se corresponde con la Luz del Creador y el deseo de compartir incondicionalmente, mientras que la Luna se corresponde con la Vasija. De la misma forma que la Luna no tiene luz propia, la Vasija tampoco tiene Luz, salvo la Luz que recibe del Creador.

Rav Áshlag revela que hay un profundo secreto kabbalístico cuya comprensión es clave para entender toda la sabiduría kabbalística. Se trata de la llamada Ley de Afinidad o Ley de Atracción. Esta ley establece que *lo similar se atrae*. En otras palabras, dos cosas similares gravitan naturalmente una hacia la otra, se acercan; mientras que dos cosas diferentes se repelen, se distancian y generan espacio entre ellas. Este principio contiene el secreto para encontrar a tu alma gemela y para obtener la inmortalidad biológica. Veamos de qué modo.

La Luz del Creador es una fuerza de compartir; la Vasija es una fuerza de recibir. Ambos son polos opuestos. Mientras que la Luz se encuentra en un reino de inmortalidad, la Vasija se encuentra en un reino de muerte. La Luz está en un mundo de orden y felicidad infinitos. La Vasija, debido a su naturaleza de recibir, está en un mundo de caos y tristeza sin fin. Nuestra forma de recibir sólo para nosotros mismos (el Adversario) es la Causa de todo nuestro caos, porque nos distancia de la Fuente de la vida y la verdadera felicidad.

Esta verdad se refleja en las relaciones humanas. Cuando un hombre y una mujer sólo piensan en recibir, cuando cada uno está gobernado por su ego, están desconectados de la Luz y las dos mitades de la misma alma se pierden y no pueden encontrarse para conectarse con la Realidad del 99 por ciento. Al distanciarse ambos de la Luz, generan distancia entre ellos. Sin embargo, cuando un hombre y una mujer transforman su naturaleza interior pasando del estado de recibir al de compartir, se acercan al encuentro con su verdadera alma gemela, y pueden unirse para crear una sola alma y así conectarse con la Luz. Dicho de otro modo, el que está más cerca atrae la Luz y por lo tanto atrae a su alma gemela con el propósito de conectarse con esa Luz.

Lo similar se atrae: es automático.

Esta verdad también se refleja en el estado de la humanidad. La humanidad está gobernada por el Adversario, cuya base es el interés propio, el *Deseo de Recibir sólo para Sí Mismo*. Cada persona en la Tierra está preocupada primero por su propio bienestar. Como consecuencia, todo el planeta está gobernado por la conciencia de recibir que es el opuesto —y por lo tanto nos separa— de la fuerza positiva de compartir de la Luz. Por este motivo no existe la Luz espiritual duradera en la Tierra.

Pero cuando una masa crítica de seres humanos se transforme de verdad, erradicando de sí el interés propio y activando el *Deseo de Compartir* con otros incondicionalmente, existirá afinidad y similitud entre la humanidad y el Creador. Ambos se hallarán en un estado positivo de compartir. Así, las dos realidades serán idénticas, y como *lo similar se atrae*, el 1 por ciento y el 99 por ciento se atraerán recíprocamente. Cada persona en la Tierra recibirá la Luz del Creador con el único propósito de compartirla con otros; de esta forma, el acto de recibir de cada individuo funcionará como acto de compartir. La humanidad será idéntica al Creador (que sólo comparte), la Luz del Creador fluirá en el mundo incesantemente por la Ley de Atracción (*lo similar se atrae*) y, como consecuencia de ello, el final de la muerte reinará para siempre.

El día que esto ocurra por igual en todos los niveles de existencia, el paraíso será nuestro hogar. Cuando todos compartamos con otros incondicionalmente, seremos uno con el Creador. La humanidad, originalmente receptora, pasará a compartir, igual que el Creador. Y entonces la Luna brillará tan fuerte como el Sol.

Este antiguo secreto se demuestra de otra forma, que podemos interpretar mediante la astrología kabbalística. Tal como mencionamos anteriormente, esta conexión de amor ocurre en el mes hebreo de *Av,* que está gobernado por el signo astrológico de Leo. Es interesante que Leo sea el único signo del Zodíaco regido por el Sol. La conexión de amor de *Tu BeAv* tiene lugar justo en la mitad del mes, cuando hay Luna llena. Los kabbalistas nos dicen que cuando la humanidad transforme completamente su mero recibir en *Recibir con el Propósito de Compartir,* nuestros actos de recibir serán realmente de compartir y seremos iguales al Creador.

Desde la perspectiva espiritual del cosmos, sólo entonces el Sol y la Luna podrán encontrarse en una misma posición predominante, igualados en poder e influencia. He aquí la expresión más perfecta de una genuina relación de almas gemelas y un reflejo directo de la era del Mesías, el tiempo en que gobernará la inmortalidad.

parte seis

prácticas generales del kabbalista

Conexión con los justos de la historia

Ya hemos visto que cuando alguien abandona este mundo, toda la Luz espiritual y el poder que reveló en su vida son liberados al cosmos en el día de su muerte. Cuando un sabio kabbalista parte de este mundo, la Luz que se libera es inimaginablemente poderosa. Existen muchas formas de conectarse con esta Luz y de usarla para transformar nuestras vidas; una de ellas consiste en permanecer despierto toda la noche estudiando el *Zóhar* en el aniversario de la muerte del sabio. Esta actividad nos conecta con su alma y su energía, lo cual atrae Luz a nuestra vida e introduce Energía Divina en el mundo.

La segunda forma de conectarse con el alma de un justo es encender en su nombre una vela conmemorativa en el aniversario de su muerte. El simple destello de la llama de una vela puede parecer insignificante en el Mundo del 1 por ciento, pero en la Realidad del 99 por ciento brilla más fuerte que mil millones de galaxias. Y cuando encendemos esta vela conmemorativa, su incalculable infusión de Luz entra en nuestros hogares.

Otra forma de conectarnos con los justos en cualquier momento del año, es visitando sus sepulturas. En virtud de sus méritos, los justos de la historia han abierto una ventana que nos permite conectarnos con sus almas y con el Mundo de la Luz. La mayoría de las sepulturas sagradas se encuentran en Israel, Ucrania, Polonia y Marruecos. He aquí algunas de las más potentes:

- Rav Shimón Bar Yojái – Merón, Israel

- Rav Isaac Luria – Safed, Israel

- Rav Akivá – Tiberias, Israel

- Rabino Yojanán Ben Zakkai – Tiberias, Israel

- Baal Shem Tov – Medzhybizh, Ucrania

- Las tumbas de Avraham, Isaac y Jacob – Hebrón, Israel

- Rav Yosi del *Zóhar* – Tiberias, Israel

- Rav Jiyá del *Zóhar* – Tiberias, Israel

- El Vidente de Lublin – Lublin, Polonia

Tomar prestada la Luz y la energía de los méritos de los justos es un método único para hacer uso de su poder. Podemos pedir a estas almas su asistencia y solicitar milagros en su nombre. Cada año ocurren innumerables milagros en las vidas de aquellos que convocan las almas de los justos o visitan sus sepulturas.

El cuarto de guerra

A lo largo de la historia, una mayoría de personas ha considerado las sinagogas como un lugar de culto y oración. La noción común es que cuando nos encontramos en una sinagoga estamos orando a Dios, ofreciendo alabanzas, agradecimientos y súplicas. Estamos allí para ser más santos, justos y piadosos. Sin embargo, para los kabbalistas esto está lejos de ser verdad. Dios no necesita ni desea nuestras alabanzas, agradecimientos o súplicas. La sinagoga es un *cuarto de guerra*; más precisamente, un puesto de mando en una guerra espiritual, diseñado específicamente para ayudarnos a sacar de raíz al Adversario de nuestro interior y, con ello, ocasionar la desaparición de la muerte.

Rav Yehudá Áshlag, fundador del Centro de la Kabbalah en Jerusalén en 1922, indicó claramente que todo aquel que utiliza la Torá y la sinagoga por su propia pretensión de superioridad moral, hace que la Torá se convirtiera en la *droga de la muerte*. Según este gran Kabbalista, si la Torá y la sinagoga se utilizan de forma incorrecta, atraerán al mundo destrucción y oscuridad, pero si se usan de la forma debida, lograrán acabar con el Ángel de la Muerte y activar nuestra Redención Final. Es la conciencia del individuo lo que determina el poder que la Torá libera.

La separación en el cuarto de guerra (*Mejitsá*)

El cuarto de guerra está dividido por la mitad: en el lado izquierdo se sientan los hombres y en el lado derecho, las mujeres. El kabbalista realiza esta separación entre hombres y mujeres porque, una vez más, está en funcionamiento la tecnología del Sistema de las Tres Columnas, la cual debe implementarse para permitir que la Torá revele la Luz al mundo.

Los hombres, del lado derecho del *cuarto de guerra*, se corresponden con el polo positivo de la bombilla de luz. Las mujeres, del lado izquierdo, se corresponden con el polo negativo. Como puede deducirse, la división opera como el filamento entre los dos polos, generando resistencia y permitiendo que la Luz brille. Esta separación sólo tiene lugar durante los rezos-conexiones, cuando la corriente Divina fluye en el *cuarto de guerra*.

Vestirse de blanco

La gente solía creer que los siete colores del arco iris eran individuales y que cada color tenía su propia existencia. Newton cambió esta percepción al hacer brillar la luz blanca del sol a través de un prisma, revelando que los siete colores del espectro son, en realidad, *parte* de la luz blanca. Newton tomó esta idea del *Zóhar*, texto que él estudiaba intensamente.

Por lo tanto, los kabbalistas ya habían comprendido, 1.500 años antes de Newton, que la luz blanca del sol contiene e incluye todos los colores del espectro. Ésta es la razón por la cual los hombres se visten de blanco durante el Shabat y en las festividades principales. La luz blanca representa la unificación de todos los colores y dimensiones de la realidad. Durante el Shabat y las conexiones de las festividades, el propósito subyacente es unificar toda la realidad, nuestro Mundo de Oscuridad con el Mundo de la Luz. Al vestirnos de blanco, hasta nuestra vestimenta refleja ese estado unificado de conciencia y nos ayuda a fortalecer nuestra conexión.

La *Mezuzá*

Como ya hemos visto, la semilla siempre precede a cualquier fruto. Esta semilla determina la calidad del árbol que crece a partir de ella. La vida humana funciona de la misma forma. En vez de andar podando ramas todo el día, un kabbalista siempre intenta transformar las semillas de su realidad. Si arreglas un problema a nivel de la semilla, le das una solución permanente. Si todo lo que haces es remediar síntomas, entonces estarás tratando constantemente con un problema que nunca desaparecerá. Lamentablemente, la fuerza llamada Satán sabe esto y siempre está al acecho en el nivel de la semilla, esperando una oportunidad para tomar el control de nuestras vidas.

Los edificios funcionan conforme al mismo principio, y por eso la semilla de una casa y de todas sus habitaciones es el umbral. Para transformar las influencias negativas que flotan alrededor del umbral de su casa, los kabbalistas añaden una *Mezuzá* en la parte derecha del marco de la puerta. Una *Mezuzá* es un trozo de pergamino con versos especiales y Nombres de Dios. Estas inscripciones tienen el poder de polarizar la energía negativa y transformarla en energía positiva.

Existe un trabajo muy complejo y preciso en la creación de una *Mezuzá*. Si no se construye adecuadamente en manos de un escriba entrenado, su poder será nulo. El pergamino se coloca en una cajita de plata, madera u otros materiales especiales. Esa caja se cuelga entonces en la parte derecha del marco de la puerta de entrada para activar la energía positiva de la Columna Derecha.

Barba y patillas

Dado que el pelo es una antena para la corriente espiritual, todo kabbalista varón siempre conserva algún tipo de barba. El pelo atrae lo que se conoce como la Luz de la Misericordia, que nos protege y mantiene a raya los juicios. El pelo de la cabeza corresponde a la Columna Derecha; la barba corresponde a la Columna Izquierda; y las patillas son expresión de la Columna Central. Esta circulación crea un flujo constante de energía espiritual que nos mantiene en equilibrio y llenos de Luz.

Escribir la Torá

El camino de la Torá está diseñado para eliminar los velos que nos ciegan, para arrancar de raíz al ego y señalar dentro de nosotros a Satán a fin de que podamos erradicar su influencia en nuestras vidas. Por lo tanto, es un mandamiento que cada persona debe *escribir* una Torá completa. La escritura de la Torá, en sí misma, transforma nuestra personalidad inyectándonos la suficiente Luz como para exponer totalmente a Satán.

Sin embargo, la mayoría de nosotros no somos escribas, y lleva más de un año producir un rollo de la Torá. La Kabbalah explica que *escribir* la Torá y *estudiar* la Torá son acciones que también pueden interpretarse como *vivir* la Torá. En otras palabras, si utilizamos la Torá y las prácticas generales del kabbalista como parte de nuestra vida, y por lo tanto logramos algún tipo de transformación, podemos considerar que hemos *escrito* la Torá. La forma más poderosa de *escribir* una Torá es donando una Torá mediante un donativo económico. La caridad, especialmente cuando se da hasta que duele (sólo porque al único que realmente le duele dar es a Satán) es una herramienta poderosa de transformación. Cuando esa caridad se emplea en la creación de un rollo completo de la Torá, es como si el contribuyente hubiera *escrito* la Torá de su puño y letra.

Rodar desnudo en la nieve

El Kabbalista Rav Isaac Luria recomendó un método para eliminar cualquier bloqueo que hayamos creado como resultado del sexo egoísta: revolcarse desnudo en la nieve. El sexo egoísta tiene lugar cuando ponemos nuestras propias necesidades por delante de las necesidades de nuestra pareja. El sexo tiene el poder de unificar el mundo espiritual con el mundo físico y de infundir Luz en nuestras vidas. Pero esta unión sólo puede activarse cuando estamos centrados, en cuerpo y alma, en compartir en vez de en recibir. Antes de tener acceso a la Kabbalah, la mayoría de nosotros teníamos relaciones sexuales en función de nuestro propio placer. Pero hoy sabemos que estos encuentros egoístas del pasado crean bloqueos que van disminuyendo gradualmente la pasión y la energía de nuestras relaciones sexuales. Si eliminamos estos bloqueos, volvemos a encender la energía sexual en nuestra relación.

Recuerda, la Luz siempre está presente. La pasión nunca nos abandonó. Si quieres sentir la Luz, lo único que debes hacer es eliminar las cortinas. *El Camino del Kabbalista* te ofrece las herramientas para hacerlo. Dar vueltas desnudo sobre la nieve simplemente elimina muchas cortinas de una sola vez.

Según la Kabbalah, el agua es una de las sustancias de la Tierra más similares a la esencia de la Luz del Creador, razón por la cual se la usa para purificarse física y espiritualmente. El agua en forma de nieve es una herramienta tan poderosa, que nos limpia de aquellas vivencias sexuales egoístas que hayan podido crear suficientes cortinas en nuestra vida como para sumirla en la oscuridad.

A continuación encontrarás las instrucciones básicas para poner en práctica esta herramienta, así como las antiguas meditaciones kabbalísticas que escanear antes con la vista. No obstante, ten en cuenta que esto no es algo que debas hacer sin la guía de un instructor kabbalístico capacitado. Antes de intentarlo por ti solo, por favor, llama al 1 800 Kabbalah (en la parte final del libro encontrarás números telefónicos gratuitos para llamar desde hispanoamérica) para obtener la ayuda y la información que necesitas.

Lleva contigo una toalla y una manta para después.

Antes de echarte a rodar sobre la nieve, medita sobre el siguiente pasaje kabbalístico de los escritos de Rav Isaac Luria:

1. Escanea lo siguiente:

Meditación

מי עמתגלגל ט' גלגולים, יכוין ליוזד ולווזבר ט' אותיות על ג' הי"ה דג' אהי"ה הנו', שהם סוד ו"ת על ג' פרצופים הנזכר, עם אלפין שבשלשלע ראשונות שלהם, הרי ט'.

2. Ponte boca abajo sobre la nieve y gira nueve veces; cada vuelta comienza y finaliza boca abajo. La forma más efectiva de rodar es hacerlo en tres series de tres veces.

El diezmo

La verdadera realidad está formada por diez dimensiones. Siete de ellas nos afectan directamente, razón por la cual hay siete colores en el arco iris y siete días de la semana. Sin embargo, la realidad completa consiste en diez dimensiones. Nuestro mundo material es la décima dimensión, el dominio del Adversario, Satán, la fuerza llamada ego. Nuestro mundo representa el 10 por ciento de la realidad total, por lo que todo contiene al menos el 10 por ciento de energía negativa.

Los kabbalistas siempre entregan el 10 por ciento de sus ingresos, ni más ni menos; no como acto de caridad, sino como una herramienta para erradicar en su vida la fuerza llamada Satán. El diezmo aleja a Satán de nuestra vida y asegura la continuidad del flujo de bendiciones y sustento. Si no diezmamos, literalmente le estamos dando esa parte de nuestros ingresos a la fuerza negativa, le estamos abriendo una ventana para que entre en nuestra vida. El diezmo cierra esa ventana. Cuando entregamos el diezmo, acabamos ganando más dinero. En cambio, cuando retenemos el 10 por ciento, a largo plazo la fuerza de Satán termina extrayendo de nuestra cuenta una cantidad mucho mayor.

Cualquier suma de dinero con la que contribuyamos, además del diezmo, se considera un acto de caridad por libre albedrío.

Las uñas

Las uñas humanas están hechas de un material que posee un poder espiritual muy grande. El cuerpo original e inmortal de Adán, antes de la creación física y de la Caída de Adán, estaba compuesto de una sustancia muy similar a la de las uñas. Después del pecado, Adán (la humanidad) adquirió forma física, y todo lo que quedó de su cuerpo original inmortal fueron las diez uñas de las manos y las diez de los pies, correspondientes a las diez *Sefirot*. Nuestras uñas son uno de los pocos enlaces que nos han quedado con la inmortalidad; por eso vuelven a crecer cuando nos las cortamos, mientras que otras partes del cuerpo no lo hacen.

Las uñas cortadas que se dejan al descubierto atraen todas las fuerzas negativas del universo que intentan alimentarse de su Luz espiritual. Así, la uña cortada se convierte en una conexión con la muerte, lo opuesto a la inmortalidad. Al cortarnos las uñas, pues, es importante deshacernos de ellas, y por eso las quemamos. Las uñas caídas en el suelo son en extremo negativas. Según los antiguos kabbalistas, la mujer embarazada que pisa uñas cortadas puede perder el bebé. Por eso hay que tener sumo cuidado en deshacerse de las uñas cortadas de inmediato. También es importante mantener las uñas limpias y arregladas para conservar intacto todo su poder.

El vino, el pan y la sal

El vino es una herramienta que utilizamos para conectar la realidad física con la realidad espiritual. Al funcionar como un cable que conduce la corriente espiritual hasta nuestra realidad, el vino tiene el poder de hacernos sentir mareados y borrachos de felicidad. Cuando se utiliza como un cable o conducto para manifestar Luz en nuestro mundo y nuestro cuerpo, el vino nos ilumina con energía equilibrada. Sin embargo, si lo usamos para otros propósitos, si bebemos de forma autoindulgente sin estar conectados con un fin espiritual, la misma energía se vuelve destructiva; ésta es la causa espiritual del alcoholismo.

El vino se considera energía de la Columna Izquierda porque su capacidad de recibir y atraer energía es como el polo negativo de una bombilla. El agua es la energía de la Columna Derecha; por eso cada vez que abrimos una nueva botella de vino vertemos en él una gota de agua para equilibrarlo. Después, recitamos una bendición-conexión sobre el vino, que le infunde la energía de resistencia de la Columna Central. Una vez hecho esto, el vino posee una estructura energética interna completa que le permite funcionar como conducto para transferir a nuestro cuerpo la energía del mundo espiritual.

Tal como hemos visto, el pan también es un conducto por el que fluye gran cantidad de energía. Cuando se come pan para atraer energía, se unta el primer pedazo en sal. La sal proviene de la dimensión espiritual de *Jojmá*, la cual nos permite conectarnos con el aspecto positivo del pan. Comer pan sin inyectarle la Luz de *Jojmá* y una bendición es conectarse solamente con la fuerza de recibir de la Columna Izquierda, lo cual genera un cortocircuito. El hecho de que la sal tenga su base metafísica en *Jojmá* es la razón por la cual realza la comida insípida, pues la sal inyecta chispas de Luz en todo lo que toca. Esto ocurre a nivel espiritual, pero en el nivel físico lo experimentamos como una mejora en el *sabor*.

El dinero

Según la Kabbalah, el dinero es una poderosa fuerza metafísica que trasciende nuestra visión convencional del dinero como un mero objeto físico. Al ser un reflejo de la Luz intangible del Creador, la energía del dinero no deriva de su esencia física ni de su materialidad. Su valor reside en el ámbito de la conciencia humana.

El dinero es la fuerza positiva de la Columna Derecha, y nuestro deseo de poseerlo es la fuerza de recibir de la Columna Izquierda. Así, el dinero que se usa exclusivamente para enriquecerse uno mismo, tarde o temprano causa oscuridad, porque los polos positivo y negativo se están conectando sin un filamento intermedio. Ésta es la razón por la que se ve tanto caos en la vida de los ricos. Chicos que toman drogas, suicidios, ansiedad, enfermedad, todas estas formas de tragedia son manifestación de este tipo de cortocircuito.

La caridad y el diezmo son dos formas de integrar el filamento en nuestra bombilla del dinero. Resistiéndonos al *Deseo de Recibir* dinero egoístamente y compartiendo nuestro dinero con quienes lo necesitan, incorporamos la fuerza de la resistencia que pertenece a la Columna Central. Con ello no sólo garantizamos que la Luz brille constantemente en nuestras vidas, sino también —lo creas o no— que haya un flujo constante de dinero en nuestras vidas. He aquí la paradoja: cuanto más compartimos, más recibimos. Solamente el Adversario nos impide ver esta verdad.

Por eso hay tanta pobreza en el mundo. El Adversario está controlando todo el dinero porque controla la conciencia de la gente. Si todas las personas —de clase alta, media y baja— compartieran una porción de su dinero hasta el punto de dolerles el ego, el mundo se llenaría de milagros. Este poder de transformación interna haría desaparecer el caos y la muerte de la existencia humana. Pero el Adversario nos hace dudar de esa verdad, porque es la única arma con la que podemos destruirlo para siempre.

Originalmente, el dinero circulaba en forma de monedas de oro y plata. Hace miles de años, los kabbalistas afirmaron que la plata es una manifestación de la Columna Derecha y el oro una manifestación de la Columna Izquierda. Cuando compartimos e intercambiamos dinero con otros, nuestra conciencia debería ser llegar a un acuerdo justo y que la otra persona obtenga lo que necesita. De la misma forma, la conciencia de la otra persona debería estar dirigida a satisfacer nuestras necesidades. Este tipo de conciencia de compartir inyecta en nuestras transacciones la fuerza de la resistencia de la Columna Central, asegurando que el dinero que utilizamos se llene de Luz y la extienda a todas las áreas de nuestras vidas. Si intercambiamos dinero y bienes sólo en función de nuestro propio beneficio, nuestro dinero no entra en ningún circuito; entonces, inevitablemente aparecerá la oscuridad en algún lugar de nuestras vidas a lo largo del camino.

Las transacciones seguirán siendo iguales. Es la conciencia que hay detrás de las transacciones lo que determinará si el dinero genera Luz para todos o simplemente un estallido momentáneo de placer seguido de oscuridad.

La caridad (*Tzedaká*)

La Kabbalah dice que el acto de dar dinero como caridad es tan poderoso que puede llegar a salvar a alguien de la muerte. Si el universo decreta la muerte de un individuo, esa persona puede anular tal decreto haciendo un donativo verdaderamente generoso.

Existen distintos niveles de conciencia caritativa. En el nivel más bajo, nosotros damos y el receptor sabe quién es el dador. Este canal no es puro porque existe algún aspecto del ego involucrado de parte del dador, sea o no intencional. En el nivel siguiente, un poco más alto, el receptor desconoce al dador, pero el dador sabe quién es el receptor. El nivel más alto de todos es cuando el dador no sabe a quién será destinada su caridad y el receptor tampoco sabe quién es el dador.

A continuación hallarás algunos datos que brinda el antiguo *Zóhar* sobre el poder del dinero y la caridad:

- La persona que es generosa con su dinero demuestra su creencia en Dios de que aun cuando comparta su dinero con otros, Dios le dará lo suficiente para satisfacer sus necesidades. (*El Zóhar III, 110b*)

- Quien con regularidad, semanal o mensualmente, dona a una persona digna una cantidad de dinero fija, causa la unificación en el mundo del tiempo y, por tanto, puede prolongar el tiempo que se le ha asignado. (*Tikkunei Zóhar 58a*)

- Aquel que tiene misericordia con los necesitados se considera que ha restaurado su alma, y de esta forma su alma será restaurada. (*El Zóhar II, 198a*)

- Cuando se emite un decreto riguroso contra un individuo en particular, Dios muchas veces le envía una situación de caridad, y si cumple con esta obligación, el decreto se anula. (*El Zóhar III 110b*)

- Un receptor digno de caridad debería ser considerado por el donante como un regalo que el cielo le ha enviado. (*El Zóhar II 198a*)

- Dar caridad generosamente se considera como prestar nuestro dinero a Dios. (*El Zóhar II 255a*)

- El que es generoso con los necesitados sostiene el mundo entero. (*El Zóhar I 109a*)

- La caridad se llama vida. (*El Zóhar I 108*)

- La caridad, si es lo suficientemente abundante, puede modificar las leyes de la naturaleza y producir el descubrimiento repentino de nuevas curaciones y medicinas. (*El Zóhar II 59a*)

El Mesías (*Mashíaj*)

La visión kabbalística del Mesías es muy diferente al enfoque más común. El Mesías no es un individuo que vendrá a salvarnos. Lejos de ello, el Mesías debería entenderse como un estado que cada persona puede alcanzar en su interior. A medida que más y más personas alcancen ese estado, será posible cruzar el umbral a partir del cual todo el mundo se transformará. Entonces el Mesías global aparecerá, indicando con su presencia que la Redención de la humanidad ha tenido lugar.

Desde el punto de vista kabbalístico, existen dos Mesías: el Mesías hijo de José y el Mesías hijo de David. El primer Mesías está aquí para hacer la guerra. Una guerra espiritual diseñada para aumentar y despertar la conciencia humana libre, aquella que Satán (ego) mantiene cautiva. Tal guerra se libra mediante la diseminación de la sabiduría kabbalística —el *Zóhar*— que es, en esencia, Luz espiritual. A medida que obtenemos más conocimiento, vencemos nuestro ego, que es aquello que nos separa de la Luz. Y por supuesto, cuanto más eliminamos lo que nos separa de la Luz, más fuerte se vuelve la conexión que establecemos con ella y más Luz adquirimos. Esta Luz eleva nuestra conciencia para que percibamos la verdadera realidad y podamos disfrutar de las recompensas de compartir y amar a nuestro prójimo.

El segundo Mesías, el hijo de David, está aquí para oficiar y sellar la paz que regirá en el mundo una vez se haya ganado la guerra. Algunos kabbalistas dicen que el hijo de José y el hijo de David pueden ser un solo hombre. Otros kabbalistas opinan que serán dos individuos separados. Realmente no importa. Lo que importa es que tú y yo debemos aceptar la responsabilidad de lograr nuestro propio estado interno de Mesías. Una vez que lo hagamos, que todo el planeta lo haga, no importará si aparece un Mesías global, dos o treinta y tres. Todo el llanto se detendrá y el dolor habrá finalizado.

Cada generación tiene un potencial físico de Mesías global que puede acelerar la llegada de la Redención Final compartiendo la sabiduría espiritual de la Kabbalah con el mundo. Se trata de inspirar al mundo a aceptar las enseñanzas universales de la espiritualidad, el *Zóhar* y la Kabbalah para que más y más personas comprendan y acepten el trabajo necesario para erradicar la oscuridad y la muerte en nuestro mundo. Sin embargo, siempre queda la responsabilidad del individuo de establecer su propia conexión y relación con la Luz del Creador.

el camino del kabbalista

La Kabbalah dice que el Mesías (tanto el global como el personal) debe llegar hasta los rincones más oscuros de la existencia humana como parte del proceso para lograr el paraíso en el mundo. Esto es porque no se puede transformar lo que no se posee. Para convertir la oscuridad en Luz, todos y cada uno de nosotros, incluyendo el Mesías global, debemos hacernos cargo de una medida de oscuridad para poder vencerla y transformarla. El Mesías global, debido a su gran fortaleza espiritual, a menudo toma una gran porción de negatividad para aligerar la carga del resto del mundo. Pero aun cuando el Mesías global acepte (a sabiendas o no) esta mayor responsabilidad, eso de ningún modo exime a cada individuo de librar su propia guerra interior contra su conciencia egoísta y el ego.

De hecho, aceptar este compromiso y asumir la responsabilidad por nuestros rasgos más oscuros genera grandes bendiciones. Por ejemplo, cada uno de nosotros viene a este mundo con un cierto tipo y una cierta cantidad de negatividad. Además, durante el transcurso de nuestras vidas, todos hemos hecho cosas de las que no estamos orgullosos. Nos hemos comportado de forma egoísta y hemos cometido un número de acciones negativas, algunas menores, otras mayores. En el momento en que aceptamos *el camino del kabbalista* y elegimos cambiar y transformar nuestras vidas, toda esa oscuridad que hemos creado cobra el potencial de convertirse en Luz una vez finalizada nuestra transformación. La oscuridad nunca se va, ¡se transforma en bendiciones! También contribuye al bienestar espiritual del resto del mundo.

Por ejemplo, si diversos miedos te perturban, cuando los vences y los transformas usando estas herramientas kabbalísticas, debilitas la fuerza del miedo (perpetuada por el Adversario) a nivel global. Cada persona en el mundo sentirá una disminución en su miedo gracias a tu singular esfuerzo. O, si eres un individuo abusivo y utilizas estas herramientas para transformarte de verdad, estarás debilitando la influencia global de Satán de modo que todas las personas del mundo se volverán menos abusivas con los otros. Todos estamos interconectados, de manera que cuando los otros se transforman, sus esfuerzos nos benefician y viceversa. Si una cantidad suficiente de personas aceptara el desafío de transitar *el camino del kabbalista*, la transformación de nuestro mundo podría acelerarse de manera exponencial.

Todos los pecados de la humanidad, toda la oscuridad y el comportamiento vil del que es capaz el ser humano, son manifestaciones del Adversario que hay en nuestro interior. Ésta es la mala noticia. La buena noticia es que, como él está dentro de nosotros, podemos vencerlo. Nacer con rasgos negativos es como nacer en un cuadrilátero de boxeo con un oponente para pelear por el campeonato mundial de peso pesado. Para ganar el cinturón del campeonato, deberás ponerte los guantes y pelear. De la misma forma, para vencer al Adversario debemos ponernos nuestros guantes. Nuestros rasgos negativos son nuestro oponente. El cuadrilátero es nuestra conciencia. La batalla tiene lugar en nuestra mente, porque ella controla todos nuestros actos.

Por lo tanto, en vez de sentirnos culpables por nuestros pensamientos, deseos y rasgos negativos, debemos ocuparnos de pelear y transformarlos para que se conviertan en bendiciones, energía positiva y Luz. Éste es el verdadero significado del Mesías. Nosotros somos nuestros propios salvadores. Dios nos dio las herramientas necesarias para lograr nuestra propia salvación. El *Zóhar*, la fuente de la Luz que perdimos en el Monte Sinaí, es el arma más grande que tenemos para manifestar nuestro propio Mesías personal y, al mismo tiempo, el Mesías global.

Cuantas más copias del *Zóhar* se difundan por el mundo, más efectiva se volverá nuestra batalla contra el Adversario. Por eso el acto más grande de caridad y Codicia Iluminada que una persona pueda realizar es donar copias del *Zóhar* a la mayor cantidad posible de gente. No hay forma mejor de acelerar la llegada del Mesías.

Geniza

Está prohibido borrar o deshacerse de cualquier Nombre de Dios escrito en hebreo. Por eso los kabbalistas han creado el *Geniza*, un depósito donde la gente puede colocar los documentos que contienen Nombres de Dios y que ya no están en condiciones de seguir utilizándose. Estos documentos incluyen antiguos libros sagrados, libros de oraciones, tarjetas de meditación, calendarios o rollos de la Torá deteriorados o que perdieron vigencia, *Tefilín* y *Tzitzit* estropeados o papeles superfluos que contienen palabras sagradas. Cuando el depósito se llena, se lleva a un lugar especial y se entierra.

La salvia y el incienso

Durante el tiempo del Segundo Templo en Jerusalén, hace más de veinte siglos, se quemó salvia y diversos tipos de incienso para eliminar las influencias negativas del ambiente. El *Zóhar* nos dice que en las circunstancias correctas, el incienso puede ser tan poderoso como para eliminar la fuerza de la muerte. En la actualidad, encendemos incienso y salvia para purificar nuestros hogares y ayudar a eliminar la oscuridad de nuestras vidas.

El *Zóhar* explica que las fosas nasales humanas cumplen dos funciones espirituales distintas. Mientras que una fosa nasal conduce al cerebro la esencia espiritual del aire, la otra lleva esta esencia al corazón. El cerebro es donde reside nuestra inteligencia y el corazón es la fuente de nuestras emociones. Así, el incienso que entra por la nariz puede aportar equilibrio y unificación entre las emociones y el intelecto, ayudándonos a ser sabios y amorosos por igual. La salvia y el incienso deberían encenderse antes del Shabat. Mientras se lleva el incienso a cada habitación de la casa, debe recitarse el Nombre de 42 letras de Dios para potenciar el proceso de limpieza y purificación.

Estos inciensos especiales están disponibles en todos los Centros de la Kabbalah del mundo.

Astrología

No estudiamos astrología kabbalística para aprender a confeccionar el horóscopo de la gente. Por el contrario, el propósito de la astrología kabbalística es elevarnos sobre las influencias del cosmos y tomar el control de nuestra propia vida.

Los doce signos del Zodíaco se corresponden con las doce tribus de Israel, los doce meses del año y las doces permutaciones de las cuatro letras del Nombre de Dios, conocido como Tetragrámaton. El signo del Zodíaco en el que nacemos nos transmite todos los rasgos negativos y positivos que necesitaremos para efectuar nuestra transformación. Sin embargo, los signos zodiacales *no son la Causa* de nuestros rasgos de personalidad, sino *el Efecto*. Nuestro karma de vidas anteriores determina el signo bajo el cual debemos nacer para poder adquirir los rasgos y atributos necesarios que nos permitirán corregir y transformar nuestra actividad negativa previa. Así pues, el Zodíaco no es más que el mecanismo que nuestra alma emplea para asegurar que se nos infundan ciertas cualidades particulares al nacer.

El patriarca Avraham fue el primer astrólogo kabbalístico, hace aproximadamente 3.800 años. Escribió un libro conocido como *Séfer Yetsirá* o *Libro de la Formación*. Este libro contiene todos los secretos del universo, incluyendo el conocimiento de la astrología y la cosmología.

A medida que profundizamos en la astrología kabbalística, encontramos una gran diferencia en relación con la astrología convencional: la astrología kabbalística se basa en otro calendario. Mientras que la astrología convencional utiliza el calendario solar o gregoriano, la astrología kabbalística se basa en el calendario hebreo, que tiene en cuenta la posición tanto del Sol como de la Luna.

Para determinar cuál es tu signo astrológico en el calendario hebreo, puedes visitar la siguiente página Web: www.hebcal.com/converter. Es posible que tengas un signo diferente en el calendario hebreo que en el calendario gregoriano.

Cada mes tenemos la oportunidad de tomar control sobre las influencias astrológicas (ver "La cabeza de mes", en la página 125). Esto ocurre porque cada mes está controlado por dos letras hebreas que funcionan como ADN astrológico: una letra controla el signo que gobierna el mes, mientras que la otra letra controla el planeta que lo rige. Meditar sobre estas letras durante la *cabeza de mes* es una forma de controlar la conciencia de ese mes.

Numerología (*Guematria*)

Cada una de las letras del alfabeto hebreo tiene un valor numérico específico, lo cual les permite comunicar conocimiento e información adicional acerca del significado de las palabras o frases que forman. La forma más básica de la numerología consiste en sumar los valores numéricos de cada letra de una palabra en particular. Si conoces el valor numérico de una palabra, puedes obtener más información acerca de su significado en el nivel mundano y espiritual.

Las palabras que comparten el mismo valor numérico tienen una conexión espiritual. Estas conexiones pueden proporcionar valiosos conocimientos sobre la verdadera naturaleza de la realidad. Por ejemplo, el valor numérico de la palabra que en hebreo significa "serpiente" (*najash*) es 358, valor idéntico al de la palabra hebrea para "Mesías" (*Mashíaj*). La serpiente, por supuesto, se refiere a la serpiente del Jardín del Edén que sedujo a Adán y Eva. La serpiente es Satán. Por lo tanto, los kabbalistas nos dicen que de la forma más elemental de la oscuridad (serpiente) emergerá la máxima emisión de Luz (Mesías). Éste es el motivo por el que las palabras "serpiente" y "Mesías" tienen una conexión numérica. Esta interconexión también nos dice que toda persona tiene una porción de serpiente imbuida en su naturaleza. Cuando derrotamos y transformamos nuestra naturaleza negativa, obtenemos nuestro propio estado de Mesías interior.

Tomemos otro ejemplo. La palabra para el Mundo de la Luz, la Realidad del 99 por ciento, es el Nombre de Dios más sagrado y famoso, el Tetragrámaton, compuesto por las letras *Yud, Hei, Vav* y *Hei*.

Este Nombre de Dios en particular tiene un valor numérico de 26. Lo interesante es que *nunca* lo pronunciamos; en su lugar, cuando encontramos el Tetragrámaton en un libro de rezos-conexión, lo reemplazamos por otro Nombre de Dios, que es *Adonai*. אֲדֹנָי ¿Por qué leemos un Nombre de Dios pero pronunciamos otro? *Adonai* pertenece a nuestra Realidad física del 1 por ciento. Al conectarnos visualmente con el Nombre de Dios que se refiere al Mundo Espiritual y pronunciar un Nombre de Dios que refiere a nuestra dimensión física, unimos y conectamos las dos realidades de modo que la energía y la Luz llenan la Tierra.

El Nombre de Dios que se correlaciona con nuestra dimensión física —*Adonai*— tiene un valor numérico de 65. Cuando nuestro mundo físico (*Adonai* = 65) se conecta con el Reino Espiritual (*Tetragrámaton* = 26), los valores numéricos de ambos Nombres de Dios suman 91. Asimismo, la palabra hebrea *amén*, recitada al final de una oración, tiene el valor numérico de 91. Decir *amén* unifica los dos Nombres de Dios, conectando el mundo físico con el espiritual. Además, si sumas los dígitos que componen 91 (9 + 1) la suma da 10, cifra que se corresponde con las diez *Sefirot* (dimensiones) que ahora están conectadas y unificadas.

Sorprendentemente, gran parte del mundo ha estado repitiendo "amén" durante miles de años sin saber que el poder de esta palabra se basa en la sabiduría de la Kabbalah.

Éstos son solo algunos ejemplos de cómo la numerología brinda un conocimiento adicional a las palabras y frases asociadas con la sabiduría bíblica. Al comprender el valor numérico de las palabras y frases que antes nos parecían religiosas, míticas, de rituales o simplemente disparatadas, descubrimos que en realidad albergan un significado profundo.

Los ángeles

Los ángeles no son querubines alados con semblante dulce que revolotean por ahí como luciérnagas. Los ángeles constituyen un sistema de comunicación metafísico que transfiere energía de un reino a otro. Son un conducto entre la realidad física y la dimensión espiritual. De la misma forma que no podemos conectar un tostador directamente a una turbina hidroeléctrica, tampoco podemos conectarnos directamente con la intensa energía que impregna el Mundo de la Luz. Los ángeles son un sistema de comunicación bidireccional que nos permite acceder a esa energía: llevan nuestras oraciones al Mundo de la Luz y transportan la Luz de ese mundo al nuestro.

Podemos conectarnos con los ángeles de diversas formas. Cada día de la semana están a nuestra disposición diferentes Ángeles (es decir, influencias) del Día que nos permiten conectarnos con la energía positiva. Podemos conectarnos con los Ángeles del Día meditando sobre diversas secuencias de letras hebreas que equivalen al ADN de cada entidad angelical. Estas meditaciones pueden encontrarse en el libro *Meditación de un Kabbalista: El Nombre de Dios de 42 letras*.

Cada vez que utilizamos palabras positivas y realizamos actos positivos, damos existencia concreta a un nuevo ángel. Acumular estas influencias positivas nos ayuda de muchas maneras. Por ejemplo, cuando nos encontramos en el lugar indicado en el momento preciso, son generalmente influencias angelicales positivas las que nos han llevado hasta allí. Cuando todas las cosas parecen salirnos bien, también se lo atribuye a la influencia de los ángeles.

Por el contrario, cada vez que hablamos mal de otros, maldecimos, gritamos o llevamos a cabo una acción negativa, damos vida a un ángel o influencia negativa. Estas influencias negativas se nos adhieren durante todo el día. Estamos bajos de energía, deprimidos y todas las cosas parecen salirnos mal; este es el resultado de los ángeles negativos que hemos producido.

Los sueños

"Cuando un hombre duerme en su cama, su alma lo abandona para elevarse; cada alma lo hace a su propia manera". (El Zóhar)

Todos soñamos. Todos nos hemos despertado en mitad de la noche consumidos por imágenes de una realidad alternativa. ¿Quién no se ha despertado aterrorizado por una pesadilla o inspirado por imágenes que lo envuelven en un sentimiento de inmensa paz y felicidad? En nuestros sueños, muchas veces somos testigos de sucesos extraños en lugares y circunstancias raras. Durante mucho tiempo, los sueños han sido considerados como una fuerza curativa, como una extensión del estado de vigilia e incluso como una fuente de mensajes divinos y proféticos.

El *Zóhar* nos dice que, cuando dormimos, gran parte de nuestra alma abandona nuestro cuerpo para "enchufarse" al Mundo de la Luz, la Realidad del 99 por ciento, mientras que una parte suficiente del alma permanece en el cuerpo para protegerlo de cualquier daño. Por lo tanto, dormir no es solamente un tiempo en el que nuestro cuerpo descansa; también es el tiempo que el alma emplea para acceder a la fuente de su poder. Sin esta recarga provista por el sueño, nos volvemos letárgicos y confusos; no podemos mantener la concentración, nos deprimimos. La "luz" parece haberse extinguido.

El *Zóhar* nos enseña que todos hemos venido a este mundo para alimentar y nutrir nuestra conexión con el Mundo oculto de la Luz.

¿No sería hermoso que pudiéramos recibir una comunicación periódica del Mundo de la Luz que nos confirmara que estamos avanzando en la dirección correcta o nos advirtiera cuando nos estamos desviando? El *Zóhar* cuenta que, en efecto, *recibimos* estas comunicaciones: se llaman "sueños".

Cada sueño es un mensaje de la realidad oculta verdadera. Durante nuestras horas de vigilia, tiene lugar una lucha constante entre la conciencia física del cuerpo, que busca la satisfacción material momentánea, y la conciencia del alma, que aspira al Mundo de la Luz y su felicidad duradera. Sin embargo, cuando dormimos, esta dinámica cambia. La conciencia del cuerpo se libera y el alma, libre de sus ataduras, visita una vez más ese reino que está más allá del espacio y el tiempo. En ese estado elevado, recibimos en forma de sueños los mensajes que nos envía la profunda Inteligencia que habita ese reino. Cuando nos despertamos, el sueño puede convertirse en nuestro propio instrumento privado de navegación capaz de ayudarnos a trazar un curso a través de las tormentas de la vida diaria. Por eso cada sueño merece nuestra atención. Sin embargo, es importante reconocer que algunos sueños están más vinculados al Mundo de la Luz que otros.

El *Zóhar* afirma que existen varios niveles de sueños. Al igual que los mensajes de correo electrónico, un sueño puede tener una prioridad baja, normal o alta. Algunos sueños pueden considerarse incluso "correo basura" (¡y posiblemente se deban a un exceso de comida basura ingerida antes de dormir!). Por lo demás, dependiendo de la naturaleza espiritual del soñador, cada sueño podría contener algún tipo de combinación de prioridades. Hasta el sueño de más alta prioridad podría contener chatarra. Los sueños que tienen lugar antes de las 4:00 de la mañana generalmente son mensajes, y los que tienen lugar temprano por la mañana suelen ser enviados para confundirnos.

Si nos estamos comportando de un modo que nos está llevando hacia una consecuencia peligrosa en algún punto del camino, un sueño aparecerá para advertirnos que tomemos otro camino. Los kabbalistas nos ofrecen una técnica para cancelar y anular un sueño negativo que, a su vez, nos ayuda a cambiar a un universo o destino alternativo. El *Zóhar* nos suministra técnicas para interpretar nuestros sueños a fin de que podamos separar la basura, rescatar las gemas y comprender el mensaje subyacente. Por favor, para más información acerca de los sueños y su interpretación, lee *El Libro de los Sueños*.

El *Zóhar* dice que un sueño no interpretado es como un mensaje de correo importante que no has abierto.

La reencarnación

Al principio había Luz. La Luz no era física, sino una fuerza de conciencia. La Luz después creó la Vasija para recibirla. La Vasija tampoco era física, sino una fuerza de conciencia que incluía a todos los seres conscientes que han transitado o transitarán alguna vez por esta Tierra. De la misma forma que los colores del arco iris se unen para crear la luz blanca, todas las diferentes conciencias se unen para formar esta alma o conciencia gigante.

La naturaleza de la Vasija era recibir. Así, en el origen había una conciencia de compartir, que era la fuerza de inteligencia de carga positiva, y una conciencia de recibir, propia de la Vasija, que era la fuerza de inteligencia de carga negativa. La conciencia positiva creó la conciencia negativa. Pero cuando la Vasija fue creada, también heredó el ADN de la conciencia que la había creado, por lo que la Vasija contenía tanto la conciencia negativa como la conciencia positiva potencial heredada de la Luz. La Vasija también poseía libre albedrío, esto es, la conciencia neutra que le permitía escoger entre lo positivo y lo negativo, entre compartir y recibir.

La Vasija escogió dejar esta realidad perfecta anterior a nuestro universo físico para crear su propio paraíso, que era una re-creación de la realidad perfecta en la que alguna vez había habitado. La Vasija podía crear este paraíso *resistiéndose* a su naturaleza innata de recibir. Cada vez que se resistiera, la Vasija obtendría el acceso a una medida de su ADN positivo heredado, por lo que el objetivo primordial de la Vasija era resistirse por completo a recibir para poder liberar todo el poder de su ADN positivo.

Este plan no podía realizarse en el mundo perfecto porque la Vasija se encontraba en presencia de Dios y, en consecuencia, recibía constantemente todo lo que necesitaba. Cuando la realidad es perfecta, no hay nada a lo que resistirse, nada que perfeccionar, nada que revelar. No hay *espacio*. Por lo tanto, Dios creó un espacio retirando una minúscula porción de Luz. La creación de este espacio, de este vacío, generó el Big Bang, que tuvo lugar hace quince mil millones de años.

El *Zóhar* dice que cuando Dios creó el espacio, la Vasija se fragmentó en incontables fragmentos y chispas que se diseminaron por ese vacío. Cada fragmento de la Vasija, dice el *Zóhar*, contiene las tres fuerzas de conciencia: positiva, negativa y neutra. Cuando los fragmentos de la Vasija descendieron de la realidad espiritual, se volvieron más densos a medida que se alejaron de su fuente, y tanto se espesaron que crearon la ilusión de la materia. Después se configuraron y combinaron en infinidad de formas, produciendo toda la Tierra, incluyendo el reino mineral, vegetal y animal, y por supuesto la humanidad.

el camino del kabbalista

Todo en nuestro mundo es parte de la Vasija original fragmentada. Como dicha Vasija estaba hecha de conciencia, esto significa que el mundo físico es simplemente la conciencia en estado congelado. Hoy los físicos nos dicen que las partículas atómicas no son realmente materia. Su ubicación no es fija, sino que se basa en probabilidades. Todo lo físico es una ilusión. El movimiento de las partículas atómicas es lo que crea la ilusión de la materia, de la misma forma que un ventilador que gira rápidamente crea la ilusión de un disco sólido.

Como la ciencia usa una palabra diferente para describir la Vasija (el término sería *materia*), la verdadera naturaleza de la realidad nos resulta confusa. Si la ciencia llamara al electrón "Deseo de Recibir", entonces comprenderíamos que la conciencia es la esencia de la realidad. Estas palabras y nombres pueden dar lugar a confusión, pero el kabbalista y el científico están describiendo la misma fuerza.

La ciencia explica que la materia nunca muere; es inmortal. En el lenguaje de la Kabbalah, esto significa que la conciencia (la Vasija) nunca muere. La conciencia es inmortal.

Entonces, ¿qué es lo que muere cuando una persona abandona este mundo? Simplemente una ordenación de átomos. Piensa en los bloques de Lego. Supongamos que unimos todos los bloques necesarios para crear un hombre. Cuando todas las piezas están unidas, el hombre está vivo. Pero cuando el espacio se interpone entre las piezas Lego —es decir, cuando las desarmamos—, el hombre está *muerto*. Pero los bloques nunca mueren. Lo que ha muerto es un ordenamiento particular de esos componentes. Esto es exactamente lo que ocurre con la materia. Nunca muere; simplemente sus componentes se separan unos de otros, haciendo que nuestros cuerpos se desintegren.

Cuando morimos, las partículas que solían conformar nuestros cuerpos circulan nuevamente en el medio ambiente. Algunos átomos de la persona fallecida pueden unirse con otros átomos para producir un nuevo árbol, otros pueden unirse para crear una montaña, una cebra o bien otro ser humano.

Ahora, considerando que los átomos son en realidad partículas de conciencia, podemos comprender por qué la reencarnación es tan natural como respirar o dormir. El alma humana es una fuerza de conciencia. También lo es el cuerpo humano. Todo es uno. Los átomos conforman el cuerpo humano y también su alma; pero existen muchos niveles en el alma, de la misma forma que hay niveles más profundos de partículas que forman un átomo. La Kabbalah dice que el alma tiene cinco niveles y que cada uno, a su vez, contiene otros cinco niveles. A medida que la ciencia va comprobando los niveles más profundos del átomo, corrobora los niveles más profundos del alma y la conciencia descritos por la Kabbalah hace muchísimos siglos.

Los átomos se componen de electrones, protones y neutrones, pero estas partículas están constituidas por partículas más pequeñas como leptones, quarks, bosones y gluones. Lo que es aun más sorprendente es que la ciencia dice que estas partículas son paquetes de energía, vibraciones que crean la ilusión de la materia una vez que alcanzan el nivel de los átomos y las moléculas. Si la ciencia pudiera penetrar en cada capa fundamental de estas exóticas partículas subatómicas, continuaría descubriendo partículas cada vez más minúsculas. Pero estas partículas no son como bolas de billar; son sencillamente chispas de la Vasija fragmentada, partículas de conciencia que han descendido a nuestra realidad física desde el Mundo de la Luz.

el camino
del
kabbalista

La Luz

Lo que los físicos descubrirían si pudieran llegar al nivel más diminuto de la realidad es un océano infinito y luminoso de Luz. El Mundo de la Luz se encuentra en el interior y debajo del nivel de los átomos, electrones, quarks y gluones. En el nivel más inseparable es donde encontramos la verdadera realidad. Irónicamente, el espacio exterior es la dirección errónea hacia el cielo y el paraíso. El espacio profundo no es más que un vacío oscuro, estéril y frío, el vacío creado por Dios al retirar una porción de Luz para crear el espacio donde pudiera habitar la Vasija fragmentada.

Ahora que sabemos que la materia es inmortal y que los átomos y partículas subatómicas son en realidad partículas de conciencia, podemos comprender el ciclo de la Creación. Los átomos y sus partículas constitutivas poseen conciencia y se unen para crear un ser humano específico. Ese ser humano recibe vida. Y su propósito en la vida es resistirse al egoísmo y al ego para liberar en su alma la naturaleza similar a Dios, el *Deseo de Compartir*. Ésta es nuestra auténtica naturaleza. Si no logramos esta transformación es porque hemos dedicado más tiempo a reaccionar que a ser proactivos. Cada vez que reaccionamos, inyectamos en nuestro ser conciencia de *espacio* entre los átomos que, al unirse, nos constituyen. Cuando los átomos dejan de estar unidos, las moléculas que éstos forman se deshacen y nuestro cuerpo comienza a deteriorarse. Esto es lo que llamamos envejecimiento. En realidad, es simple conciencia de *espacio* que se filtra en la conciencia de nuestros átomos.

Cuando alcanzamos una masa crítica de reacciones y comportamientos egocéntricos en nuestra vida, el espacio generado en nuestros átomos y nuestra conciencia se vuelve tan grande que nos morimos. Los átomos rompen su unión y se separan para otro propósito. El cuerpo humano está formado por trillones de trillones de átomos. La mayoría de esos átomos se reagrupan para producir otro ser humano en algún momento futuro para poder encontrar la oportunidad de realizar una corrección específica en la vida y transformarse. Sin embargo, algunos de ellos pueden pasar a formar parte de un animal o planta.

Existe una unidad simple llamada materia detrás de la diversidad de este mundo físico, y las partículas que forman esta materia son los fragmentos de la Vasija rota. La Vasija estaba hecha de conciencia, que es la sustancia tanto del alma como del cuerpo humano. La conciencia es la única realidad. Y la única batalla que libramos es contra el ego, la conciencia de Satán, cuya misión es desconcertarnos para que dudemos de su existencia.

Las partículas continuarán enlazándose y separándose, simulando la vida y la muerte, y produciendo nuevos seres hasta que todos completemos nuestra transformación. No existe la muerte real, porque la materia es inmortal. Sólo existe el espacio. Cuando nos despedimos de un ser querido, lo que duele es el vacío que se abre entre él y nosotros. Cuando nuestro cuerpo se deteriora porque el espacio entra en él, puede ser doloroso. Pero no hay muerte real. Sólo hay el espacio y el dolor causado por el ego.

Cuando amamos a otra persona, cuando nuestra conciencia está completamente enfocada en compartir y amar incondicionalmente, no hay más espacio en nuestra conciencia y, por lo tanto, tampoco en nuestros cuerpos. La materia es inmortal. El día que nuestras partículas continúen unidas para siempre, viviremos para siempre, pues los bloques de construcción de los que estamos hechos nunca mueren.

Éste es *el camino del kabbalista*.

El poder del estudio

En la Kabbalah, el estudio nunca se orienta a aumentar nuestra destreza intelectual. No intentamos ser más inteligentes, sino más *puros*. El estudio es una tecnología que descorre las cortinas del ego que nos separan de nuestra alma y de la Luz del Creador.

Funciona de la siguiente manera: cuando luchamos por entender una idea o concepto en la Kabbalah, el esfuerzo de intentar comprender ese principio crea una Vasija dentro de nosotros. La Luz nunca puede manifestarse en nuestra realidad física, salvo que exista una Vasija para contenerla. Del mismo modo que necesitamos un vaso que contenga el agua para poder beberla más fácilmente, también necesitamos un recipiente que contenga la Luz que llena toda la realidad para poder captarla más fácilmente. Nuestro esfuerzo por aprender la Kabbalah construye esta Vasija.

El momento en que decimos: "¡Ah, ahora entiendo!" es cuando la Luz llena la Vasija dentro de nosotros. El estudio es una tecnología, un mecanismo para que la Luz del Reino del 99 por ciento entre en nuestra dimensión del 1 por ciento.

Esta Luz añadida automáticamente elimina las cortinas, los bloqueos y la oscuridad de nuestra vida para que podamos ser más puros. Cuanto más puros seamos, más compartiremos. Cuanto más compartamos, más nos acercaremos a la Luz, porque nos pareceremos más a ella. Esto nos aportará todavía más Luz y felicidad. Comenzaremos a subir niveles cada vez mayores de felicidad y plenitud. El estudio de la Kabbalah pone en movimiento este mecanismo.

La clave del éxito en el estudio no se basa en cuánto aprendemos, sino en cuánto compartimos y cuidamos de los demás cada día. Si somos intolerantes, ofensivos o simplemente desagradables con las personas, nuestro estudio no dará frutos. Las cortinas que creamos con estas acciones negativas son cada vez más pesadas y nuestras sesiones de estudio no pueden penetrar esos velos de oscuridad. Sólo si intentamos ser un poco mejores cada día, nuestras sesiones de estudio harán milagros.

De ser posible, es bueno estudiar en grupo, porque de esta forma cada persona aporta su singular porción de Luz. Los kabbalistas a menudo estudian después de medianoche porque las ventanas metafísicas de las dimensiones ocultas se abren con la oscuridad nocturna. La Luz que se genera mediante el estudio a altas horas de la noche contrarresta permanentemente la oscuridad y los juicios que reinan después que el sol se oculta.

El arrepentimiento

El arrepentimiento es tal vez la palabra más malentendida de todo el lenguaje humano. Y si he dejado este tema para el final es porque, sin duda, es el más importante. Todos los temas que hemos repasado en este libro se encuentran, de hecho, encapsulados en este tópico, que enfatiza la tragedia de la ignorancia y las falsas ideas de las cosas.

Arrepentirse no es decir "lo lamento". El arrepentimiento no tiene nada que ver con el remordimiento, la culpa ni la religión, tal como tradicionalmente se entienden dichos conceptos. El arrepentimiento es una tecnología de viaje en el tiempo y una metodología para unir de nuevo nuestro mundo con la Realidad del 99 por ciento.

La palabra hebrea para "arrepentimiento" (*teshuvá*) en realidad significa *regresar*. Sólo a través del *Zóhar* podemos comprender el poder del arrepentimiento y su relación con el concepto de *regresar*. Podría decir con seguridad que todo el camino de la Kabbalah y *el Camino del Kabbalista* están relacionados con el arrepentimiento. Pero *arrepentimiento* es una palabra con una peligrosa carga. Sin la comprensión kabbalística, el término inevitablemente connota extremismo religioso, intolerancia y derramamiento de sangre. Revelemos ahora el secreto más profundo de la Kabbalah relacionado con el arrepentimiento.

Tal como vimos en este libro, la realidad verdadera se compone de Diez *Sefirot* o dimensiones, de las cuales hay nueve que están ocultas a nuestra vista. Estas dimensiones ocultas están estructuradas de la siguiente manera: las Tres superiores se consideran un grupo y no afectan directamente nuestra realidad; las siguientes Seis dimensiones están fusionadas en una súper dimensión: la Realidad del 99 por ciento de la que hemos estado hablando. A esta súper dimensión también se la llama *Zeir Anpín*.

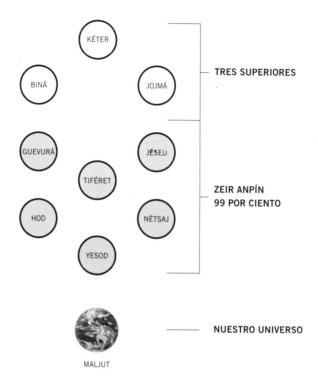

La Luz fluye a nuestro mundo cuando éste se conecta directamente con las seis dimensiones superiores (*Zeir Anpín* o el 99 por ciento). Piensa en nuestro mundo como una lámpara: si no está conectada, la lámpara permanece oscura; cuando se la conecta a un enchufe eléctrico, se ilumina. El Reino del 99 por ciento es el enchufe que contiene la energía eléctrica que necesitamos para activar la lámpara de nuestro mundo.

Estas diez dimensiones están codificadas en el Tetragrámaton o Nombre de Dios de 4 letras. Y ya hemos visto que las cuatro letras hebreas que componen este nombre son *Yud*, *Hei*, *Vav* y *Hei* (ver a continuación).

La punta superior de la primera letra de este Nombre sagrado de Dios, *Yud*, se corresponde con la primera de las diez dimensiones, llamada *Kéter*, mientras que el resto del cuerpo de la *Yud* se corresponde con la segunda dimensión, *Jojmá*. La segunda letra, *Hei*, corresponde a la *Sefirá* conocida como *Biná*. La tercera letra, *Vav*, contiene seis dimensiones, colectivamente conocidas como *Zeir Anpín* e individualmente llamadas *Jésed, Guevurá, Tiféret, Nétsaj, Jod y Yesod*. Y la cuarta letra, *Hei*, se refiere a nuestra realidad física: *Maljut* (ver a continuación).

Tal como hemos visto, la Ley de Atracción estipula que *lo similar se atrae*. Nuestro mundo de *Maljut/Tierra* se rige por la conciencia colectiva de la humanidad, gobernada por el interés propio, el ego y el *Deseo de Recibir*; de ahí que la naturaleza de *Maljut/Tierra* sea opuesta a la de *Zeir Anpín* (el 99 por ciento), cuya única esencia es compartir positivamente. Por lo tanto, al ser de naturalezas opuestas (recibir versus compartir), estas dimensiones se repelen.

Este mutuo rechazo causa desconexión dentro del Nombre de Dios, creando repulsión entre el 1 por ciento y el 99 por ciento. La Tierra se desconecta de la Fuente de toda la Luz y los seres humanos nos desconectamos de la Luz del Creador. Entonces se crea un *espacio* entre el Mundo de la Luz y el Mundo de Oscuridad:

NOMBRE DE DIOS DE 4 LETRAS

Desconexión entre Zeir Anpín y Maljut, Espacio entre el 99 por ciento y el 1 por ciento

Los kabbalistas dicen que el Nombre de Dios no está unificado, pero el significado secreto detrás de este concepto es que el Nombre de Dios se refiere a la estructura completa de las Diez *Sefirot*, la realidad verdadera que incluye nuestro mundo. Unificar el Nombre de Dios significa conectar la *Hei* final (*Maljut*) con la *Vav* (*Zeir Anpín*).

Esta hazaña se logra eliminando en primer lugar la *Causa* que creó la separación. Esta Causa es el ego humano —un rasgo de carácter egoísta que nos motivó a reaccionar y comportarnos desde el interés propio—, conducta opuesta a la que hay en la Realidad 99 por ciento, que sólo comparte Luz. ¿Cómo eliminamos ese rasgo egoísta? Mediante el *arrepentimiento*.

Recuerda, en hebreo la palabra "arrepentimiento" significa *regresar*. Para arrepentirnos de algo debemos *regresar* al momento de nuestro acto negativo. Debemos recordarlo y volver a vivirlo en nuestra conciencia. En términos más sencillos, *regresar* implica reconocer que el comportamiento que tuvimos causó espacio y oscuridad en nuestra vida. Al hacerlo, nos volvemos responsables de nuestro caos; admitimos que somos la única Causa de todo lo que está mal en nuestra vida.

Reconocer que somos la Causa de nuestros propios problemas y realizar el esfuerzo de *regresar* a la escena del crimen —un crimen del que *nosotros* somos culpables— es la hazaña más difícil de todas. Siempre resulta mucho más fácil decir simplemente "lo lamento" y continuar con nuestras vidas. Pero eso no es ser espiritual ni inteligente, es ser religioso. Decir "lo lamento" es fácil porque no implica ningún dolor por nuestra parte; ningún *pago*; sólo son palabras vacías.

El propósito de *regresar* a la escena del crimen es experimentar el dolor real que le causamos a la víctima de nuestra fechoría. Si le pedimos sinceramente a la Luz que nos permita sentir ese dolor, realmente lo *sentiremos*. Y ese dolor que sentiremos será el dolor que se le está quitando a la persona que hemos lastimado, aun cuando lo hayamos hecho hace décadas. Este traspaso del dolor de la víctima al culpable restaurará el equilibrio en el universo.

Existe un segundo aspecto, pero no menos importante, en el concepto de *regresar*. Al *regresar* a la transgresión original, podemos hacer uso del *Zóhar* o el *Shabat* o *Rosh Hashaná*, o cualquiera de las numerosas herramientas que *el Camino del Kabbalista* nos brinda, para eliminar el rasgo egocéntrico que nos hizo actuar de esa forma. ¿Cómo sucede algo así? Si somos sinceros —genuina y absolutamente sinceros— en nuestro deseo de eliminar para siempre ese rasgo molesto, las herramientas de la Kabbalah activarán la Luz, que a su vez iniciará un cambio en nuestra conciencia. Cuando experimentes este cambio por ti mismo, sentirás y conocerás el poder y la magia de la Kabbalah.

Y he aquí lo asombroso: una vez que este rasgo negativo se erradica, dejamos de ser *opuestos* a *Zeir Anpín* o el Reino del 99 por ciento. Ese rasgo que causaba la repulsión entre la Luz y nosotros deja de existir. ¿Y sabes qué? Ahora la Ley de Atracción funciona a favor nuestro y nos acercamos más a la Luz.

Esto nos lleva hacia otro secreto profundo sobre la palabra *arrepentimiento* y el verdadero significado de *regresar*. La letra final del *Tetragrámaton*, *Hei* (*Maljut*/Tierra/1 por ciento) regresa súbitamente a la *Vav* (*Zeir Anpín*/99 por ciento) y se reconecta con ella, puesto que han dejado de ser diferentes. Entonces la energía espiritual se libera y fluye hacia nosotros de nuevo, y el Nombre de Dios (la realidad verdadera) queda unificado respecto a esa área particular de nuestras vidas.

Vidas pasadas

Supongamos por un momento que estamos pasando por un gran caos ahora mismo, pero *no* como resultado de algo que hayamos hecho en esta vida, sino por algo que hicimos en una vida anterior. ¿Cómo *regresamos* en el tiempo hasta un momento tan remoto? Primero deberías saber que el Adversario intentará convencerte de que la reencarnación no existe. Inundará tu mente con todo tipo de obstáculos para que no puedas sentir la verdad de las encarnaciones previas. Además, te enviará sentimientos de autocompasión y victimización que te harán culpar a los demás por todo el caos que hay en tu vida.

La forma de salir de este lío imposible es *regresar*. En el momento en que dejes de ser una de víctima y de creer que no tienes la culpa de tu sufrimiento, regresarás, en el nivel del alma, para todo fin y propósito, a una vida anterior.

Sigue la siguiente idea con atención: reconocer que eres responsable será doloroso. Pero precisamente ese dolor, junto con el caos que ahora experimentas, no es otro que el mismo dolor que has causado a alguien en una vida pasada. Entonces, tu máquina del tiempo consiste en la responsabilidad y el dolor asociados con dejar de comportarte como una víctima indefensa. Si aceptas el dolor y aplicas las herramientas de la Kabbalah para intentar transformar tu manera de ser, la *Hei* regresará a la *Vav* y unificará el 1 por ciento con el 99 por ciento.

Nuestros sentidos no pueden detectar este viaje en el tiempo ni el cambio. Pero son reales, más reales que cualquier cosa que hayas experimentado.

Esencialmente, tienes dos opciones en la vida: aceptar el caos y el dolor que te afligen actualmente y utilizarlos para transformarte, o rechazar toda esta idea y continuar viviendo de la forma en que todos han vivido durante los últimos miles de años. Aceptar todo el caos que hay en tu vida y utilizarlo para limpiarte del interés propio es la única forma de regresar en el tiempo hasta tus actos negativos para restaurar el equilibrio en el universo y regresarlo al Mundo de la Luz, la gloriosa Realidad del 99 por ciento.

Armados con estos conocimientos kabbalísticos, ahora también podemos comprender la causa primera de la aparición del caos y el dolor. Ambos representan una oportunidad para arrepentirnos (nuevamente aparece esta palabra peligrosa); se trata de una oportunidad para *regresar* a la escena de nuestros crímenes — aquellos cometidos en esta vida y en vidas pasadas— y pagar nuestra deuda kármica. Cuanta más deuda kármica paguemos, más felices seremos.

Cada vez que aceptas el dolor, cada vez que das la bienvenida al caos, regresas tu alma (y con ella una porción de este mundo) al Mundo de la Luz. Pero si luchas contra el dolor, si permites que te consuma la autocompasión y el estado de conciencia de víctima, no solo desperdiciarás una oportunidad de aliviar tu caos y regresar tu vida a la Luz, sino que crearás todavía más espacio, más distancia, más separación entre tú y la Luz del Creador. Entonces la *Hei* se alejará aun más de la *Vav*.

Este secreto del *Zóhar* nos ayuda incluso a comprender uno de los mayores secretos relacionados con el cristianismo y el concepto del Hijo de Dios, el arrepentimiento y la Redención del mundo, que en realidad son kabbalísticos. El *Zóhar* explica que la letra *Vav* se conoce como *El Hijo* y *Yud* se denomina *El Padre*. Con respecto al hijo y la noción de arrepentimiento, el *Zóhar* dice en *Naso*, Vol. 17:

> "Aquellos que se arrepientan, regresarán la letra Hei a la letra Vav, que es el hijo de Yud y Hei. Así, a través de él, Yud, Hei, Vav, Hei (el Nombre de Dios de Cuatro Letras) estará completo, porque el hijo es el secreto de la Vav".

> "...Cuando una persona peca, ciertamente hace que la Hei se distancie de la Vav, porque el hijo de Yud-Hei

se aparta a sí mismo de la Hei. ...Todo aquel que se arrepienta produce el regreso de la Hei a la letra Vav, y la redención depende de ello. En consecuencia, todo depende del arrepentimiento".

El arrepentimiento consiste en conectar al Hijo (*Vav*), que es un simple código para *Zeir Anpín* o el Reino del 99 por ciento. Esto lo hacemos imitando la naturaleza y comportamiento de la Luz, que es el compartir incondicional. El arrepentimiento consiste en hacernos responsables de nuestras acciones negativas y eliminar los rasgos que nos impiden emular a la Luz. Cuando asumimos nuestra responsabilidad y transformamos nuestros rasgos negativos, nos reconectamos con la dimensión llamada El Hijo, que a su vez nos conecta con la letra más elevada del Tetragrámaton, la *Yud*, designada por el *Zóhar* como *Jojmá* y *Aba Celestial* (*El Padre*).

EL NOMBRE DE DIOS DE LAS 4 LETRAS

La única forma de llegar al Padre es a través del Hijo

LA TIERRA — EL HIJO — EL PADRE

Éste es el secreto que los grandes kabbalistas intentaron enseñar al mundo hace dos mil años. Rav Akivá, Rav Yehoshua ben Yosef (Jesús) y, por supuesto, Rav Shimón Bar Yojái, todos intentaron enseñar a la humanidad el verdadero significado y poder del arrepentimiento y el regreso. Sólo los kabbalistas poseían este conocimiento, razón por la cual el *Zóhar* llama a todo kabbalista "el Hijo del Sagrado, bendito sea Él".

El siguiente extracto del *Zóhar* nos muestra el camino hacia nuestra Redención Final y el fin de la muerte. El *Zóhar* dice que la distancia entre la *Hei* y la *Vav*, el espacio entre el 1 por ciento y el 99 por ciento, es la razón por la cual el Segundo Templo fue destruido en Jerusalén hace dos mil años. El motivo de la distancia entre estos dos reinos fue que los Israelitas se negaron a *arrepentirse*, lo cual significa que se negaron a transformar su comportamiento de continuo recibir en actos incondicionales de compartir. A causa de esta negativa a cambiar, el Templo fue destruido.

Hemos pasado los últimos dos mil años intentando de reparar el daño que se hizo en Jerusalén, el mundo y el cosmos hace tanto tiempo. Sin embargo, los secretos de la Kabbalah estaban ocultos a las masas, por lo que nadie conocía el camino de regreso a casa. Pero ahora lo conocemos. Por primera vez en la historia de la humanidad, el *Zóhar* está disponible para todos, en todas partes del mundo, lo cual nos lleva a la pregunta más importante de este libro:

¿Cómo reparamos finalmente el mundo y *regresamos* la existencia humana al estado de inmortalidad y felicidad sin fin?

Dice el *Zóhar*: *"Los días previstos de la venida del Mesías han pasado... ahora está sujeto sólo al arrepentimiento, que es completar Su Nombre, el significado secreto de la Hei que completa su nombre al añadirse a Yud-Hei-Vav".*

El *Zóhar* nos dice que la oportunidad del Mesías de venir a redimirnos ha pasado. La echamos a perder en el Monte Sinaí con Moisés, así como hace dos mil años cuando los kabbalistas intentaron compartir la sabiduría de la Kabbalah con personas que no estaban preparadas para aceptar esta responsabilidad. Ahora depende de cada uno de nosotros, de todos los habitantes de este mundo, realizar una transformación personal mediante el poder del arrepentimiento, que simplemente requiere responsabilidad y la voluntad de cambiar nuestra forma de ser del modo de recibir al modo de compartir.

La tarea es menos desalentadora de lo que parece. De hecho, es increíblemente simple. Se trata de incorporar cada día de nuestra vida pequeños actos de compartir e intentar aceptar el dolor que sentimos para utilizarlo como un agente de limpieza. Debemos resistirnos, aunque sea un poco, a nuestro deseo de culpar a otros, aun cuando en la situación parezca justificado o comprensible. Lo mejor sería que pusiéramos en práctica algunas de estas herramientas cada día. Te sugiero comenzar con pequeños pasos. Un día por vez. Antes de que puedas darte cuenta, el mundo que te rodea comenzará a cambiar.

Pero no me creas, inténtalo. La prueba debe estar *siempre*, siempre en los resultados.

El 97 por ciento y el 3 por ciento

El enfoque kabbalístico para acabar con la muerte en este mundo — ya que esta es la única meta final de este camino y el único motivo para transitarlo— es conseguir que el 3 por ciento de las personas que lo habitan practique el 97 por ciento de las herramientas presentadas en este libro, y que el 97 por ciento de las personas de este mundo practique sólo el 3 por ciento de estas herramientas. De los esfuerzos combinados entre el 97 por ciento y el 3 por ciento de quienes estén transitando *el camino del kabbalista* algo espectacular e inimaginable tendrá lugar en la Tierra. Del mismo modo que cayó el Muro de Berlín de forma pacífica y la Unión Soviética se desmoronó sin necesidad de derramamiento de sangre, todas las guerras, conflictos y maldades de este mundo literalmente se desmoronarán ante nuestros ojos de forma pacífica y misericordiosa. La muerte desaparecerá de una manera que hoy no podemos imaginar. Pero ocurrirá. Y cuando esto suceda, cuando todo el llanto deje de brotar para siempre, todo parecerá perfectamente normal, tan natural como cuando en nuestras acogedoras camas nos despertamos de un sueño tenebroso.

Éste es el poder del *Zóhar*. Éste es el poder de la Kabbalah. Éste es *el camino del kabbalista*.

Ahora tienes el poder en tus manos.

Respétalo siempre.

Compártelo constantemente.

Más libro del autor de éxito Yehudá Berg

Kabbalah: El poder de cambiarlo todo

El Poder de Cambiarlo Todo es un provocativo llamado a la acción sobre nuestra actual crisis global que te deja pensando. Yehudá propone que nuestra abdicación colectiva de responsabilidad — en cada faceta de nuestras vidas, incluyendo economía, medio ambiente, política y religión— ha contribuido a los problemas y desafíos a los que nos enfrentamos. Para crear una transformación positiva para nosotros y el mundo, este libro urge a los lectores a cambiar sus conciencias accediendo al poder interno de cada uno.

Las reglas espirituales de las relaciones

Si has estado buscando a tu alma gemela sin éxito, quizá sea el momento de probar un nuevo enfoque: *Reglas espirituales de las relaciones.* La Kabbalah nos enseña que no estamos solos, y que estamos destinados a ser felices. Descubre cómo las Leyes del Universo trabajan a tu favor, una vez que empiezas a entenderlas y a reconocer el pleno potencial para amar y compartir de verdad que hay en el interior de todos nosotros. Si estás dispuesto a hacer este esfuerzo espiritual, verás cómo la verdadera conexión, tanto con la Luz como con otro ser humano, es una cuestión de conciencia y certeza. El poder está en tus manos.

el camino del kabbalista

Kabbalah y Sexo: Y otros Misterios del Universo

El mundo está lleno de manuales de sexo que instruyen al lector acerca de los pormenores del buen sexo; sin embargo, éstos tienden a enfocarse en un solo aspecto: la mecánica física. Según la Kabbalah, la clave del buen sexo está en la conciencia de uno mismo, no simplemente en la técnica. El sexo, de acuerdo a la Kabbalah, es la forma más poderosa de experimentar la Luz del Creador. También es una de las formas más poderosas de transformar el mundo. Entonces, ¿por qué no tenemos siempre buen sexo en nuestras relaciones? ¿Por qué el acto sexual ha sido siempre ligado a la culpa, la vergüenza y el abuso? El libro Kabbalah y Sexo proporciona un sólido fundamento para entender los orígenes del sexo y su propósito, así como las herramientas prácticas kabbalísticas para encender tu vida sexual. Esta revolucionaria guía enseña cómo acceder a niveles más elevados de conexión —con nosotros mismos, nuestra pareja y con nuestro espíritu— y alcanzar la pasión sin fin, el placer profundo y la verdadera plenitud.

Meditación de un kabbalista: El Nombre de Dios de 42 letras

Según la antigua sabiduría de la Kabbalah, la poderosa meditación conocida como Aná Bejóaj invoca el Nombre de Dios de 42 letras, el cual te conecta con nada menos que la fuerza pura de la creación. Al realizar la conexión a través de esta Meditación, puedes dejar atrás el pasado y empezar de nuevo. Si recitas la Meditación de forma regular, serás capaz de utilizar la fuerza de la creación para crear milagros, tanto en tu vida privada como en el mundo. Este libro explica el significado detrás de las 42 letras y te brinda los pasos prácticos para establecer una conexión óptima con su poder.

Más productos que pueden ayudarte a incorporar la sabiduría de la Kabbalah en tu vida

Los Secretos del Zóhar: Relatos y meditaciones para despertar el corazón
Por Michael Berg

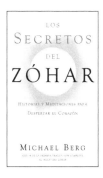

Los Secretos del *Zóhar* son los secretos de la Biblia, trasmitidos como tradición oral y luego recopilados como un texto sagrado que permaneció oculto durante miles de años. Estos secretos nunca han sido revelados como en estas páginas, en las cuales se descifran los códigos ocultos tras las mejores historias de los antiguos sabios, y se ofrece una meditación especial para cada uno de ellos. En este libro, se presentan porciones enteras del *Zóhar* con su traducción al arameo y al inglés en columnas contiguas. Esto te permite escanear y leer el texto en alto para poder extraer toda la energía del *Zóhar*, y alcanzar la transformación espiritual. ¡Abre este libro y tu corazón a la Luz del *Zóhar*!

Nano: Tecnología de la mente sobre la materia
Por Rav Berg

Kabbalah es todo acerca de obtener el control sobre el mundo físico, incluyendo nuestra vida personal, en el nivel más fundamental de la realidad. Se trata de alcanzar y extender el poder de mente sobre materia y desarrollar la habilidad de crear plenitud, alegría, y felicidad al controlar todo al nivel más básico de existencia. De esta manera, Kabbalah es anterior y presagia la tendencia más apasionante en los desarrollos científicos y tecnológicos más recientes, la aplicación de la nanotecnología a todas las áreas de la vida para crear resultados mejores, más fuertes, y más eficientes. En Nano, el Rav desmitifica la conexión que hay entre la antigua sabiduría de la Kabbalah y el pensamiento científico actual, y muestra como la unión de ambos pondrá fin al caos en un futuro previsible.

La Educación de un Kabbalista
Por Rav Berg

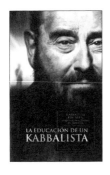

Esta memoria profundamente emotiva ilumina la relación del Rav Berg con su maestro, el gran Kabbalista Rav Yehudá Brandwein, así como el desarrollo del Centro de Kabbalah, la organización más grande dedicada a difundir la sabiduría de la Kabbalah. Este es, sencillamente, el libro más honesto, certero y emocionalmente conmovedor jamás escrito acerca de un hombre que en verdad vive los principios de la Kabbalah en el mundo contemporáneo. Ningún aspecto de la Kabbalah es más importante que la relación entre maestro y estudiante. En La Educación de un Kabbalista, este elemento esencial cobra vida de manera inolvidable.

Dios usa lápiz labial
Por Karen Berg

Durante miles de años, se prohibió a las mujeres estudiar la Kabbalah, la antigua fuente de sabiduría que explica quiénes somos, y cuál es nuestro propósito en el universo. Karen Berg lo cambió todo. Ella abrió las puertas del Centro de Kabbalah a todo aquel que quisiera aprender.

En Dios usa lápiz labial, Karen Berg comparte la sabiduría de la Kabbalah, específicamente, cómo te afecta a ti y a tus relaciones. También revela el lugar especial que ocupa la mujer en el universo, y por qué las mujeres tienen una ventaja espiritual sobre los hombres. Karen nos cuenta cómo encontrar a nuestra alma gemela, y nuestro propósito en la vida, así como ayudarnos a convertirnos en mejores seres humanos.

Simplemente Luz
Por Karen Berg

De la mujer considerada por muchos como su "madre espiritual" y cuya obra ha afectado a millones de vidas por todo el mundo, he aquí un libro con un mensaje simple y directo desde el corazón: todo gira alrededor del amor y el compartir.

La voz única de Karen te servirá de inspiración y te ayudará a confrontar los retos cotidianos. Abre el libro por cualquier página siempre que encuentres un momento, y empezarás a descubrir las claves para llevar una vida más plena y feliz.

el camino del
kabbalista

Días de Poder
Por Rav Berg

Según la Kabbalah, las festividades, las lunas nuevas y los aniversarios de muerte de las almas iluminadas son momentos cósmicos para beneficiarnos de las energías de transformación. Cada mes presenta una oportunidad de conectarnos con bendiciones únicas. En Días de poder, el erudito Kabbalista Rav Berg describe las ceremonias espirituales asociadas con las festividades y explica su significado con profundidad, precisión y pasión, ofreciéndonos una conciencia que podemos utilizar para infundir positividad en nuestras vidas. El Rav da vida a las festividades, que pasan de ser conmemoraciones de acontecimientos históricos a oportunidades dinámicas para el cambio y el crecimiento. Desde esta perspectiva, observar las festividades no es una obligación religiosa, sino una elección que podemos hacer con el propósito de transformarnos a nosotros mismos y al mundo que nos rodea.

En la primera parte, el Rav Berg ofrece una comprensión profunda y explica la preparación para los primeros meses del año, empezando con Rosh Hashaná.

En la segunda parte, el Rav Berg ofrece una comprensión profunda y explica la preparación para los últimos ocho meses del año, desde Janucá (Capricornio) a Tu BeAv, el Día del Amor (Leo).

Inmortalidad
Por Rav Berg

Este libro cambiará la forma en que percibes el mundo, si abordas su contenido con una mente y un corazón abiertos. La mayoría de las personas, entienden la vida al revés y temen y luchan contra lo que perciben como inevitable: el envejecimiento y la muerte. Pero según el gran Kabbalista Rav Berg y la antigua sabiduría de la Kabbalah, lo que es inevitable es la vida eterna. Con un cambio radical en nuestra conciencia cósmica, y la transformación de la conciencia colectiva que vendrá a continuación, podremos provocar la desaparición de la fuerza de la muerte de una vez por todas, en esta "vida".

El Zóhar

Compuesto hace más de 2.000 años, el *Zóhar* es una colección de 23 libros basados en el comentario de asuntos bíblicos y espirituales en forma de diálogos entre maestros espirituales. Sin embargo, describir el Zóhar solamente en términos físicos es engañoso. En realidad, el *Zóhar* nada menos que una herramienta poderosa para lograr el propósito más importante de nuestras vidas. El Creador lo entregó a la humanidad para brindarnos protección, para conectarnos con su Luz y para lograr nuestro derecho innato, que es la verdadera transformación espiritual.

Hace 80 años, cuando se fundó el Centro de Kabbalah, el *Zóhar* había desaparecido virtualmente del mundo. Pocas personas de la población general habían escuchado hablar sobre él. Todo aquel que quisiese leerlo (en cualquier país, idioma y a cualquier precio) se enfrentaba a una ardua e inútil búsqueda.

Hoy en día, todo esto ha cambiado. Gracias al trabajo del Centro de Kabbalah y al esfuerzo editorial de Michael Berg, el *Zóhar* se está transmitiendo al mundo no sólo en su idioma original, el arameo, sino también en inglés. El nuevo *Zóhar* en inglés proporciona todo lo necesario para conectarse con este texto sagrado en todos los niveles: el texto original en arameo para el 'escaneo', la traducción al inglés y los comentarios claros y concisos para su estudio y aprendizaje.

Además, el Centro de Kabbalah se ha embarcado en la tarea de traducir el *Zóhar* al español. En este momento hay varios volúmenes disponibles y estamos en el proceso de traducirlo en su totalidad.

El Centro de Kabbalah

¿Qué es el Centro de Kabbalah?

El Centro de Kabbalah es una organización espiritual dedicada a traer la sabiduría de la Kabbalah al mundo. El Centro de Kabbalah ha existido como tal desde hace más de 80 años, pero su linaje espiritual se extiende hasta Rav Isaac Luria en el siglo XVI y más atrás, hasta Rav Shimón bar Yojái, quien reveló el Zóhar, el texto principal de la Kabbalah, hace más de 2.000 años.

El Centro de Kabbalah fue fundado en 1922 por Rav Yehudá Áshlag, uno de los más grandes Kabbalistas del siglo XX. Cuando Rav Áshlag dejó este mundo, el liderazgo del Centro fue asumido por Rav Yehudá Brandwein. Antes de su fallecimiento, Rav Brandwein designó a Rav Berg como director del Centro de Kabbalah. Durante más de 30 años, El Centro de Kabbalah ha estado bajo la dirección del Rav Berg, su mujer Karen Berg y sus hijos, Yehudá Berg y Michael Berg.

Aunque hay muchos estudios de Kabbalah, El Centro de Kabbalah no enseña Kabbalah como una disciplina académica, sino como una forma de crear una vida mejor. La misión de El Centro de Kabbalah es hacer que las herramientas prácticas y las enseñanzas espirituales de la Kabbalah estén disponibles para todo el mundo.

El Centro de Kabbalah no hace ninguna promesa. Pero si las personas están dispuestas a trabajar duro y a convertirse activamente en individuos tolerantes que comparten y se ocupan de los demás, la Kabbalah afirma que experimentarán una plenitud y una felicidad desconocidas para ellos hasta ahora. Sin embargo, esta sensación de plenitud aparece de forma gradual y es el resultado del trabajo espiritual del estudiante.

Nuestro objetivo final es que toda la humanidad obtenga la felicidad y la plenitud que son su verdadero destino.

el camino del
kabbalista

La Kabbalah enseña a sus estudiantes a cuestionarse y a poner a prueba todo lo que aprenden. Una de las enseñanzas más importantes de la Kabbalah es que no hay coerción en la espiritualidad.

¿Qué ofrece El Centro de Kabbalah?

Los Centros de Kabbalah locales de todo el mundo ofrecen charlas, clases, grupos de estudio, celebraciones de festividades y servicios, además de una comunidad de profesores y compañeros estudiantes. Para encontrar tu Centro más cercano, visita www.kabbalah.com/espanol.

Para aquellos de ustedes que no puedan acceder a un Centro de Kabbalah físico debido a restricciones geográficas o de tiempo, les ofrecemos otras formas de participar en la comunidad del Centro de Kabbalah.

En www.kabbalah.com/espanol te ofrecemos blogs, boletines, sabiduría semanal, tienda online y mucho más.

Es una forma estupenda de estar informado y en contacto, además de brindarte acceso a programas que expandirán tu mente y te retarán a continuar tu trabajo espiritual.

Ayuda al estudiante

El Centro de Kabbalah da poder a las personas para que asuman la responsabilidad de sus propias vidas. Se trata de las enseñanzas, no de los profesores. Pero en tu viaje hacia el crecimiento personal, las cosas pueden ser confusas y a veces difíciles, y por eso resulta de gran ayuda tener un profesor. Simplemente llama al número gratuito 1-800-kabbalah si llamas desde los Estados Unidos.

Si te encuentras fuera de los Estados Unidos, puedes llamar a nuestros números de acceso gratuitos en español, en los cuales serás atendido por instructores hispano parlantes:

PAÍS	NÚMERO
Argentina	0800 333 0393
Bolivia	800 10 0345
Brasil	0800 761 2954
Chile	800 730 044
Colombia	01 800 700 1634
Costa Rica	0800 054 2022
Ecuador	01 800 1010 85
El Salvador	800 0000 0014
España	800 099 993
México	01 800 800 1685
Panamá	00800 054 1126
Perú	0800 521 99
Puerto Rico	1866 411 2024
Uruguay	0004054 347
Venezuela	0800 100 5629
Islas Vírgenes	1866 411 2024

Todos los instructores de Ayuda al estudiante han estudiado la Kabbalah bajo la supervisión directa del Rav Berg, am-pliamente reconocido como el kabbalista más relevante de nuestros tiempos.

También te ofrecemos la oportunidad de que interactúes con otros estudiantes de Ayuda al estudiante a través de grupos de estudio, conexiones mensuales, retiros de festividades y otros eventos que se llevan a cabo por todo el país.

Nuestra familia esta eternamente agradecida por el cariño, la amistad, el amor y enseñanzas difundidas por El Rav y Karen, Yehudá y Michael. Es nuestro deseo que este libro te ayude a alcanzar la certeza y la fuerza para crecer, superar los retos, alcanzar la felicidad y cumplir la misión por la cual viniste a esta vida.

Con mucho amor, gratitud y apreciación a todos nuestros maestros espirituales.

Carlos, Mónica, Manolo y Cecilia